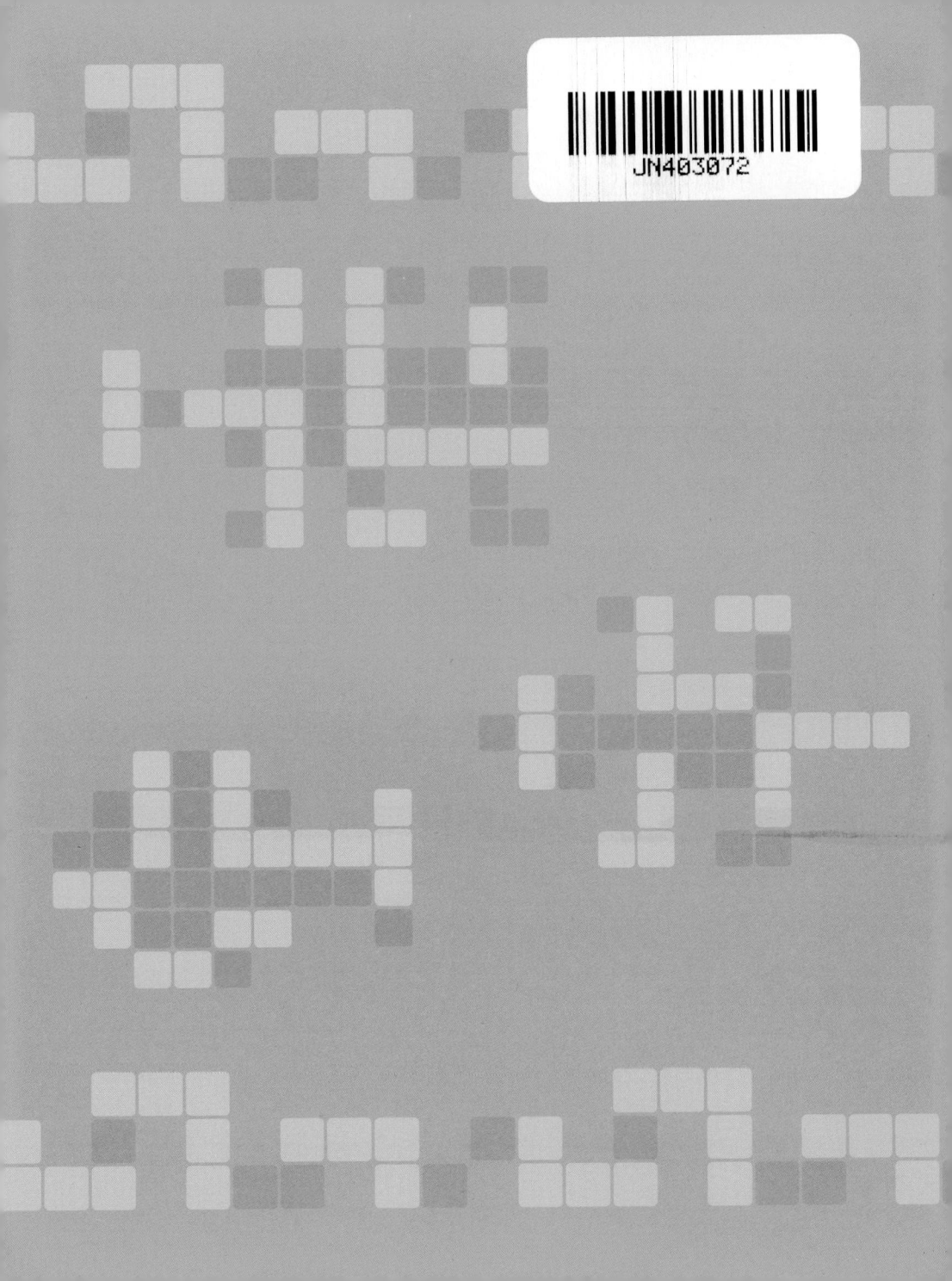

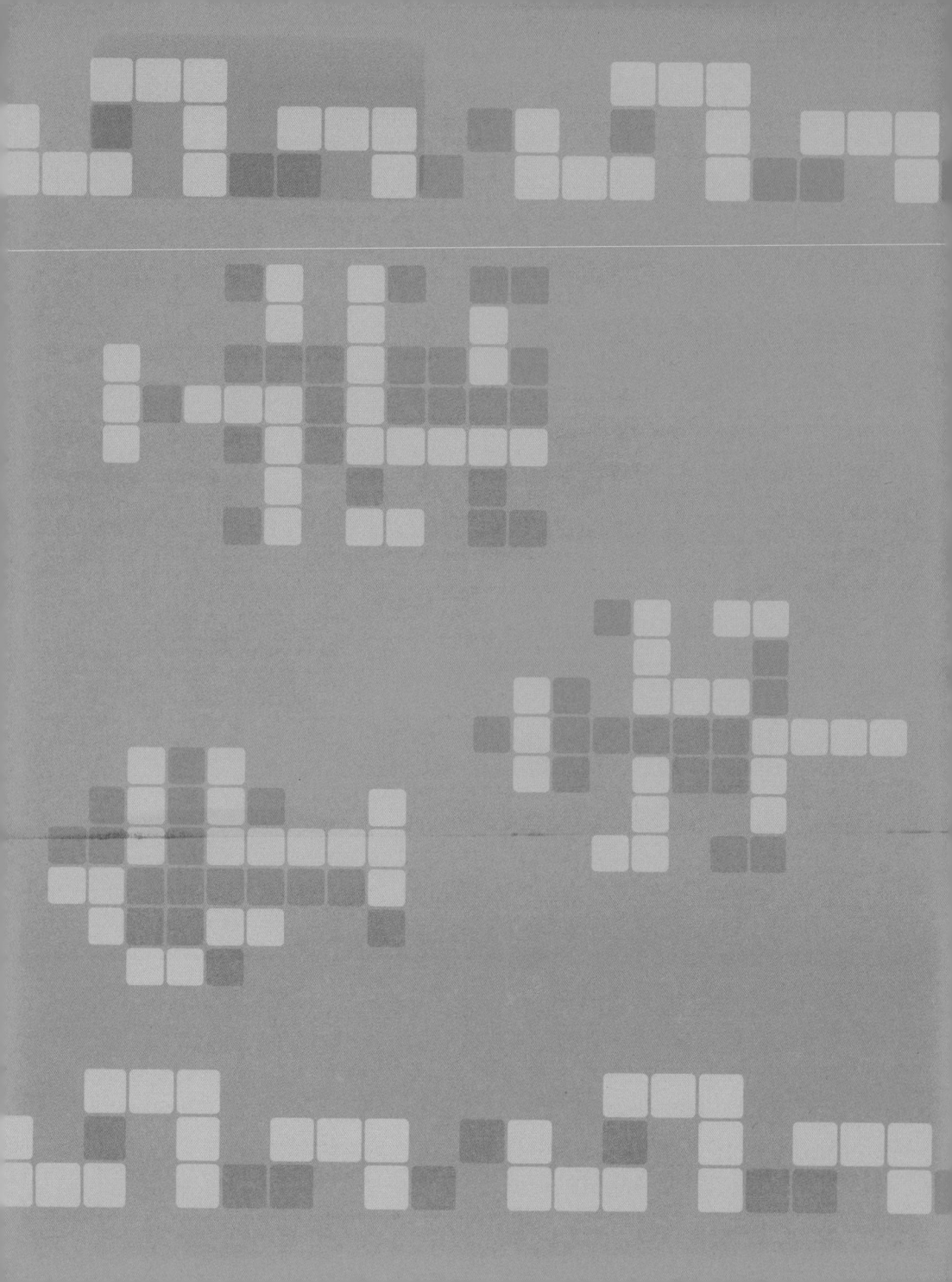

글 정명숙

작가의 말

어휘력을 키우는 낱말 퍼즐로 공부해요

'넌지시'가 맞아요, '넌즈시'가 맞아요?
'국회'는 뭐고, '의회'는 또 뭐예요?
태양이 '행성'이 아니고 '항성'이라고요?

늘 헷갈리는 낱말 때문에 국어 문제를 틀린 적은 없나요? 생소한 분야의 낱말이 자꾸 나와 사회 공부가 어려운 적은요? 한자어로 된 낱말의 뜻을 정확하게 알지 못해 과학 시간에 당황하지 않았나요? 제가 바로 그런 아이였답니다. 어휘력이 부족해서 늘 시험지 앞에만 서면 점점 작아지는……. 저처럼 몰래 숨어서 고민하는 친구들에게 도움을 주기 위해 만든 책이 바로 《똑똑한 하루 10분 낱말 퍼즐》이에요.

이 책은 국어, 사회, 과학 교과서에 나오는 중요한 낱말을 뽑아 바람개비 모양, 부채 모양, 충청북도 지도 모양, 방위표 모양, 장수풍뎅이 모양, 우주선 모양 등등 재미있는 모양에 담아 낱말 퍼즐을 친근하게 표현했어요. 놀이하듯 부담 없이 풀다 보면 자신도 모르게 어휘력이 쑥쑥 자라나 교과서 내용을 더욱더 쉽게 이해할 수 있을 거예요. 낱말의 뜻뿐만 아니라 반대말과 비슷한말, 더불어 한자도 익힐 수 있으니까요.

그리고 이 책은《나 오늘은 어휘력이 커지는 낱말퍼즐놀이》,《교과서가 재밌어지는 사회 낱말퍼즐놀이》,《어휘력이 커지는 과학 낱말퍼즐놀이》도서와 연계되어 있어 함께 읽으면 더욱 재미있게 풀 수 있어요.《똑똑한 하루 10분 낱말 퍼즐》에 나온 낱말로 만든 창작동화도 있고, 창작만화도 있어서 읽다 보면 교과서의 낱말로도 이렇게 한 편의 글이 만들어지는구나 하는 걸 새삼 느낄 거예요.

　낱말이 모이면 문장이 되고, 문장이 모이면 문단이 되고, 문단이 모이면 한 편의 글이 탄생하듯이 모든 기초의 어휘력은 낱말에서 출발한다는 것 잊지 마세요.

　《똑똑한 하루 10분 낱말 퍼즐》을 풀 때는 순서대로 풀어야 한다는 규칙도, 국어부터 풀어야 한다는 규칙도 없어요. 자신이 풀고 싶은 것부터 먼저 풀면 돼요. 그러다 보면 순식간에 낱말 퍼즐 한 권이 뚝딱 끝나 있을 거예요!

　"낱말 퍼즐이 정말 재미있어요."라는 친구들의 즐거운 비명이 들려오길 바라며…….

낱말 퍼즐 전문가 정명숙

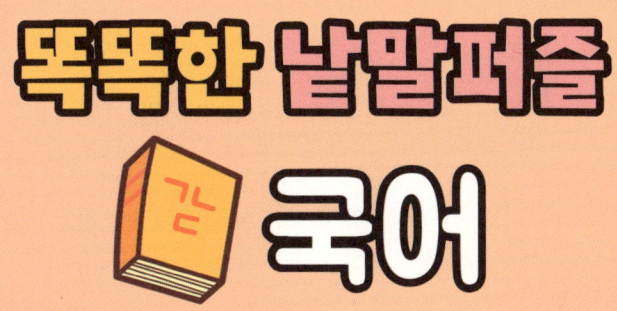

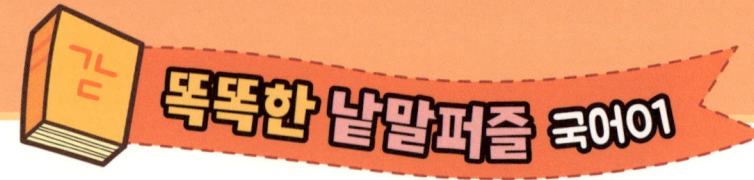

>>> 가로 열쇠

① '누구가'가 줄어든 말
 예) ○○ 내 머리에 똥 쌌어!

④ 음력 보름날에 뜨는 크고 둥근 달
 [수수께끼] 겉은 ○○○이고 속은 반달인 것은? 귤

⑥ 닿소리의 첫째 글자
 [속담] 낫 놓고 ○○자도 모른다.

⑦ 말하는 이가 자기 자신을 가리키는 말
 [속담] ○ 먹기는 싫어도 남 주기는 아깝다.
 반) 남

≽ 세로 열쇠

② 손을 내밀어 그 모양에 따라 승부를 정하는 방법
 예) 안 내면 술래 ○○○○○!

③ 바람에 뱅뱅 돌게 만든 어린이 장난감
 예) 색종이를 접어 풍차를 닮은 ○○○○를 만들어요.
 비) 팔랑개비

⑤ 달음질하는 일
 예) 느림보 삼총사인 나무늘보랑 거북이랑 달팽이가 ○○○ 하면 누가 이길까요?
 비) 경주

⑧ 뜻을 가지고 홀로 쓰일 수 있는 낱낱의 말
 예) 어휘력을 키우는 하루 10분 ○○ 퍼즐을 풀면 교과서 공부가 재미있어져요.
 비) 단어

8

월 일

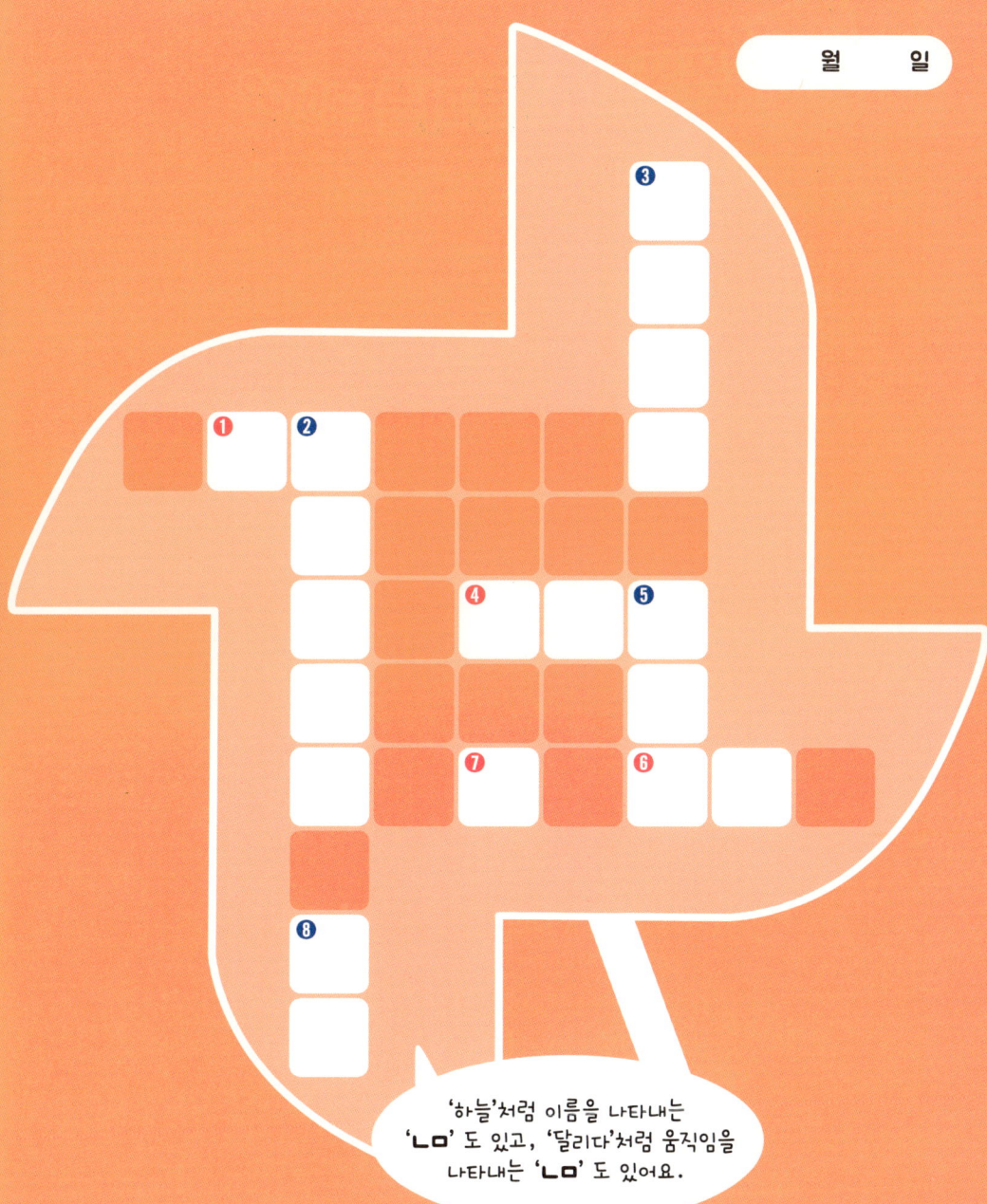

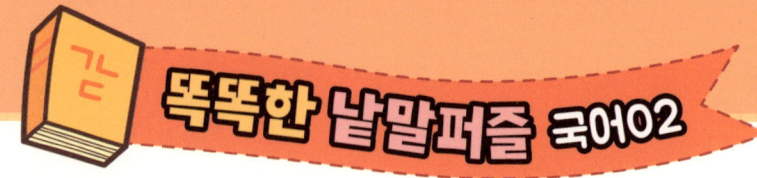

똑똑한 낱말퍼즐 국어02

〉〉〉 가로 열쇠

❷ 은으로 만든 구슬
[동요] 송알송알 싸리 잎에 ○○○ 대롱대롱 거미줄에 옥구슬

❹ 먹을 수 있는 나무의 열매
[속담] ○○ 망신은 모과가 다 시킨다.

❺ 마음이 괴롭고 아픔
예) 친구와의 이별이 ○○○.
(반) 기뻐요

❼ 술래잡기할 때, 숨은 아이들을 찾아내는 아이
예) '무궁화꽃이 피었습니다' ○○놀이는 온 가족이 함께하면 더 재미있어요.

〰 세로 열쇠

❶ 한글 자음자 'ㄴ'의 이름
예) 기역, ○○, 디귿, 리을, 미음…….

❸ 이를 치료하는 병원
예) 눈이 아프면 안과에 가고, 이가 아프면 ○○에 가요.
(한) 齒科

❻ 사람의 눈을 현란하게 하는 요상한 술법
[동화] ○○ 항아리에서 나온 원님 아버지들이 서로 자기가 진짜라며 싸웠어요.
(비) 마법 (한) 妖術

'ㅅㄹ'는 조선시대에 도둑이나 화재를 막기 위해 궁중과 사대문 안팎을 순시하던 '순라'에서 비롯된 말이에요.

》》》 가로 열쇠

❷ 정성을 다하여 힘껏
   예) 아픈 강아지를 ○○○ 돌보았어요.
   비) 성심껏

❸ 흙 속에 살며 비 오는 날에 땅 위로 기어 나오는 기다란 벌레
   [속담] ○○○도 밟으면 꿈틀한다.

❺ 땅속에 스며든 물
   예) 쓰레기를 마구 파묻어 ○○○가 오염되고 있어요.
   반) 지상수 한) 地下水

❼ 못 견디게 굴어서 해롭게 함
   예) 조선시대에는 천주교를 ○○하여 많은 사람이 검거되거나 처형되었어요.
   한) 迫害

≫ 세로 열쇠

❶ 기쁘고 슬픈 마음이 얼굴에 나타남
   예) 화났을 때 엄마의 ○○은 마귀할멈 같아요.
   한) 表情

❹ 어떤 일이 있은 그다음의 날
   예) 달맞이꽃은 밤에 노란 꽃을 피우고, ○○○ 아침에 해가 뜨면 시들고 말아요.
   비) 이틀

❻ 여름에 나는 한해살이 덩굴식물로 박처럼 크고 둥근 열매
   [수수께끼] 초록이 안에 하양이, 하양이 안에 빨강이, 빨강이 안에 주근깨는? ○○

월 일

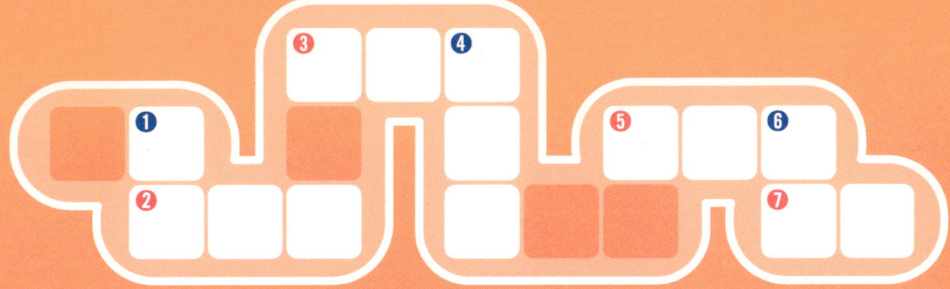

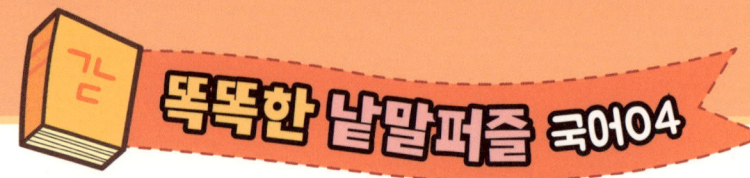

똑똑한 낱말퍼즐 국어04

🔸 가로 열쇠

❷ 높은 곳에 발로 디디며 올라갈 수 있도록 만든 기구
  예) ○○○를 타고 초가지붕에 올라가 낡은 볏짚을 걷어내었어요.
  비 사닥다리

❹ 작은 통나무 두 개를 반씩 쪼개어 네 개로 만든 것
  예) 윷놀이는 4개의 ○을 던져 나온 수만큼 말을 써서 먼저 나는 편이 이기는 민속놀이예요.

❻ 소리 없이 싱긋 웃는 웃음
  예) 잠든 아기를 보는 엄마의 얼굴에 ○○가 번졌어요.
  비 스마일 한 微笑

🔸 세로 열쇠

❶ 마법을 부리는 사람
  [동화] 오즈의 ○○○
  비 요술쟁이 한 魔法師

❸ 허리가 가는 작은 곤충
  [동화] ○○와 베짱이, ○○와 비둘기

❺ 이른 봄에 오종종하게 피어나는 노란색 꽃
  [동요] 나리 나리 ○○○ 입에 따다 물고요.

❼ 잎이 바늘 같고 사철 푸른 나무
  [수수께끼] 사계절 내내 푸른 옷을 입는 것은? ○○○

'○' 4개를 던져 하나가 젖혀지면 도, 둘이 젖혀지면 개, 셋이 젖혀지면 걸, 넷이 젖혀지면 윷, 넷이 엎어지면 모가 되지요.

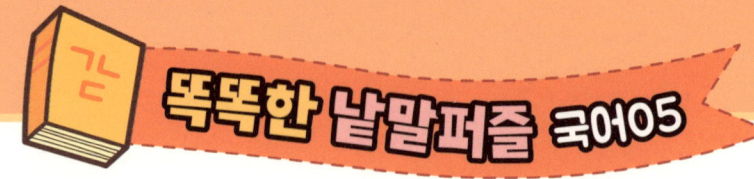

똑똑한 낱말퍼즐 국어05

🔸 가로 열쇠

① 젖을 먹는 어린아이
  [동요] 아빠 곰은 뚱뚱해, 엄마 곰은 날씬해, ○○ 곰은 아이 귀여워.

③ 비가 올 때 신는 목이 긴 신발
  [동화] '○○ 신은 고양이'의 재치로 가난한 주인은 왕의 사위가 되었어.
  [반] 단화 [한] 長靴

⑤ 방이나 솥에 불을 때기 위해 만든 구멍
  [동화] 호랑이가 나타나자 ○○○ 속에 숨어 있던 밤톨이 튀어나와 눈을 때렸어요.

⑥ 무엇을 한쪽으로 기울이는 모양
  예) 소금을 잔뜩 실은 배가 ○○○거리기 시작했어요.

🔸 세로 열쇠

② 아기가 처음 걷는 모양
  예) 아기가 ○○○○ 걸음마를 시작했어요.

④ 오히려 엉뚱한 사람에게 화를 냄
  [속담] 엄마한테 혼나고 동생한테 ○○○하다니, 종로에서 뺨 맞고 한강에서 눈 흘기는 격이잖아.
  [비] 분풀이

⑦ 사실을 적은 글
  예) 어린이 신문에 내가 취재한 ○○가 실렸어요.
  [한] 記事

월 일

'ㅇㄱㅇ'에서 땐 불은 가마솥의 음식을 익히고, 방바닥을 따뜻하게 데우고, 연기는 굴뚝으로 빠져나가요.

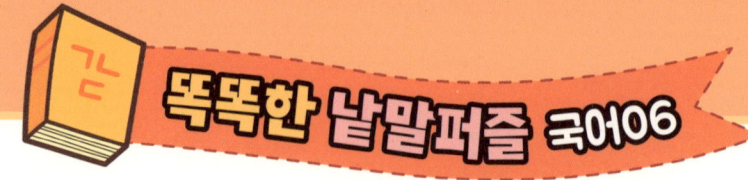

똑똑한 낱말퍼즐 국어 06

》》》 가로 열쇠

❶ 어떤 사실을 적어 놓는 공책
  예) 달팽이를 잘 관찰하여 관찰○○○에 적습니다.
  한) 記錄帳

❸ 세워 놓은 돌을 멀리서 던져 맞히는 놀이
  예) ○○○○ 놀이를 하려면 손바닥만 한 직사각형의 돌이 필요해요.
  비) 돌치기, 비석치기

❻ 대나 싸리 따위로 둥글게 엮어 속이 깊숙하게 만든 그릇
  [동요] 동무들아 오너라, 봄맞이 가자. 너도나도 ○○○ 옆에 끼고서~.

≫ 세로 열쇠

❷ 어떤 일이 이루어지거나 일어나는 곳
  예) 때와 ○○에 따라 인사말을 다르게 해야 해요.
  비) 곳 한) 場所

❹ 봄, 여름, 가을, 겨울의 네 계절을 아울러 이르는 말
  예) 우리나라는 ○○○○이 뚜렷해요.
  비) 사철 한) 四季節

❺ 남의 집을 높여 부르는 말
  예) 우리 식구는 방학 때 제주도에 계신 할아버지 ○에 놀러가기로 했어요.
  한) 宅

❼ 곡식을 찧거나 빻고 떡을 치는 데 쓰는 기구
  [수수께끼] 서로 부딪쳐야 일이 되는 것은? ○○와 절굿공이
  비) 절구통

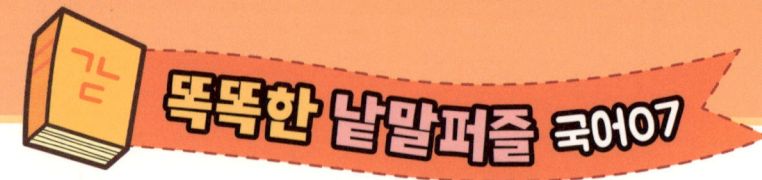

똑똑한 낱말퍼즐 국어 07

〉〉〉 가로 열쇠

❶ 신문 기사를 실은 종이
  예) 고양이는 나만 따라 해. ○○○ 밑에 숨어도 나만 따라 해.
  비) 신문 한) 新聞紙

❸ 불을 피우는 화로
  [수수께끼] 수학책을 ○○ 위에 놓으면? 수학익힘책
  비) 난롯불 한) 煖爐

❺ 간절히 바라건대
  예) 하느님, 부처님, 공자님! ○○ 학원 좀 그만 다니게 해 주세요!
  비) 부디

❼ 머리와 등은 검은색이고, 배는 흰색이며 꼬리가 긴 새
  예) 음력 7월 7일은 ○○와 까마귀가 만든 오작교에서 견우와 직녀가 만나는 날이에요.

≫ 세로 열쇠

❷ 세월이 간
  예) ○○ 여름에 한국에 왔는데 벌써 일 년이 지났다.

❹ 무엇을 설명할 때 본보기가 될 사물
  예) 이해가 잘 안 되니까 O를 좀 들어 설명해 봐.
  비) 사례 한) 例

❻ 발바닥의 뒤 조금 높은 곳
  예) 할머니의 ○○○○는 거칠고 딱딱하였어요.

❽ 일이 생기게 된 원인
  예) 장영실이 곤장 80대를 맞은 ○○은 왕이 탈 가마를 부실하게 만들었기 때문이야.
  비) 이유

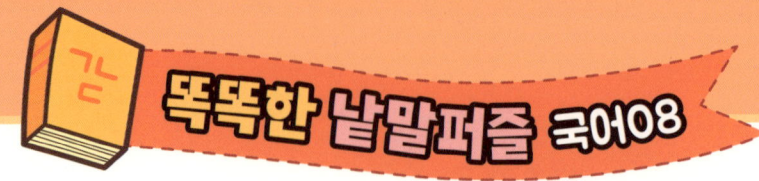

〉〉〉 가로 열쇠

❷ 검은 줄무늬가 특징인 고양잇과의 맹수
[속담] ○○○는 죽어서 가죽을 남기고 사람은 죽어서 이름을 남긴다.
🅑 범

❹ 이모의 남편
예) 이모와 ○○○는 캐나다로 신혼여행을 떠났어요.
🅐 姨母夫

❻ 자음을 나타내는 글자
예) ㄱ부터 ㅎ까지 ○○○를 바르게 써 봅시다.
🅐 子音字

❽ 이치에 맞게 올바르게 생각하는 것
예) 무작정 사달라고 떼쓰지 말고 ○○적으로 엄마를 설득해 보렴.
🅐 論理

⋙ 세로 열쇠

❶ 당사자끼리만 알도록 비밀히 약속한 신호
예) 소중한 보물을 찾기 위해서는 ○○를 풀어야 해요.
🅑 패스워드 🅐 暗號

❸ 사는 일
예) ○은 '살다'에 접미사 'ㅁ'이 붙어서 된 글자예요.
🅑 생명, 목숨 🅥 죽음

❺ 돈이 많고 살림이 넉넉한 사람
[속담] ○○는 망해도 삼 년 먹을 것이 있다.
🅑 부호 🅥 빈자 🅐 富者

❼ 남에게 자랑할 만한 거리
예) 불국사는 우리나라의 ○○○○예요.

한글은 소리를 내는 기관의 모양을 본떠 만든 'ㅈㅇㅈ' 14자와 하늘, 땅, 사람의 모습을 본떠 만든 모음자 10자로 이루어져 있어요.

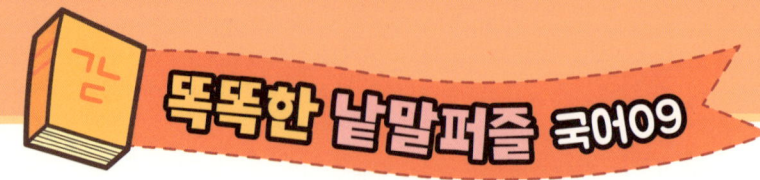

가로 열쇠

1 날지 못하는 가장 큰 새
  예) ○○ 알의 크기는 달걀의 20배가 넘는대요.
  한) 駝鳥

3 아무렇게나 되는대로
  예) 바다에 쓰레기를 ○○ 버리면 안 돼요.
  비) 함부로

5 말과 소 등의 가축들에게 먹이를 담아 주는 긴 통
  예) 생쥐는 겁도 없이 황소의 ○○에서 밥찌꺼기를 먹었어요.

세로 열쇠

2 마음이 초조하고 불안한 모양
  예) 학교에 늦을까 봐 마음이 ○○○○하였어요.

4 돈과 물건을 지나치게 아끼는 사람
  동화) '크리스마스 캐럴'은 ○○○ 영감 스크루지가 과거, 현재, 미래의 유령을 만난 뒤 깨달음을 얻어 착한 사람으로 변하는 이야기예요.
  비) 자린고비

6 어떤 사물이나 일이 생겨난 까닭
  예) 추석은 신라시대의 길쌈놀이인 가배에서 ○○한 우리나라 명절이에요.
  비) 내력   한) 由來

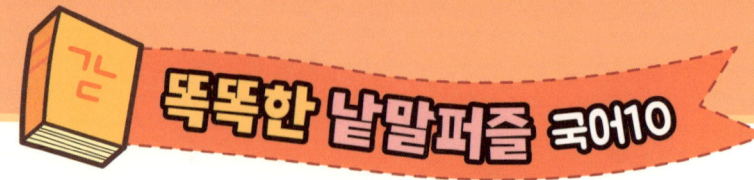

가로 열쇠

❷ 드디어
  예) 길을 잃고 헤매다가 ○○○ 허름한 빈 집을 찾았어요.
  비) 끝내, 기어이

❹ 사람이 원래부터 지닌 성격이나 품성
  [동요] 우리들 ○○에 빛이 있다면 여름엔 여름엔 파랄 거예요~.
  비) 심성

❻ 한 집안에서 함께 사는 사람
  예) 생쥐들은 황소 아저씨랑 사이좋은 ○○가 되었어요.
  비) 가족 한) 食口

❼ 우리나라의 전통 음악
  예) 나각은 소라껍데기의 뾰족한 끝부분을 갈아 만든 ○○ 악기예요.
  비) 한국음악 한) 國樂

세로 열쇠

❶ 낮에는 물속에서 살고, 밤에는 뭍으로 나와 먹이를 구하는 초식동물
  예) 코끼리 다음으로 큰 동물인 ○○는 '물뚱뚱이'라고도 불려요.

❸ 머리카락을 양쪽으로 갈랐을 때 생기는 금
  예) '가리마'는 ○○○의 경상도 사투리예요.

❺ 사람이 먹고 마시는 모든 것
  예) 맵고 짠 ○○은 건강에 좋지 않아요.
  비) 음식물 한) 飮食

❽ 연주할 때 쓰이는 기구
  예) 바이올린, 가야금, 북, 징 등 ○○의 종류는 참 많아요.
  한) 樂器

'ㄱㄹㅁ'가 '가르다'라는 말에서 파생되었다는 것만 기억한다면 '가리마'로 잘못 쓰는 일은 없을 거예요.

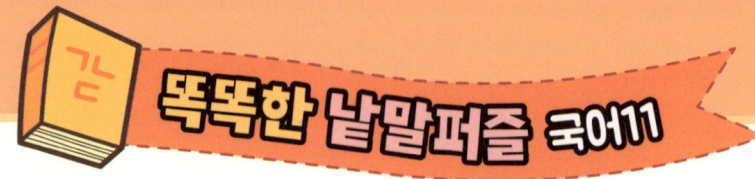

>>> 가로 열쇠

❷ 생물이 살아 움직이는 힘
  [만화 주제가] ○○ 센 천하장사 무쇠로 만든 사람

❸ 묻는 문장의 끝에 쓰는 문장부호
  예) '!'의 이름은 느낌표, '?'의 이름은 ○○○예요.
  비) 의문표

❺ 새우처럼 등을 구부리고 자는 잠
  예) 소파에서 불편하게 ○○○을 잤더니 온몸이 결리고 찌뿌둥해요.

❻ 해가 질 무렵 햇빛
  예) 남쪽 바다를 황금빛으로 물들이는 ○○의 노을은 자연이 준 최고의 선물이에요.
  비) 낙조 만) 夕陽

≫ 세로 열쇠

❶ 나라에서 특별히 법으로 정하여 보호하는 귀한 동식물
  예) 원앙은 ○○○○○ 제327호, 삽사리는 ○○○○○ 제368호.
  만) 天然記念物

❹ 새로운 일이 잇달아 생기는 모양
  예) ○○○○ 보고 싶은 마음이 생겨요.

❼ 불을 붙여서 주변을 밝히는 데 쓰는 서양식의 초
  [동화] 훈장은 사람들 앞에서 체면을 구길까 봐서 ○○를 '뱅어'라 거짓말하고는, 아내에게 국을 끓여 오라고 하였어요.
  비) 초

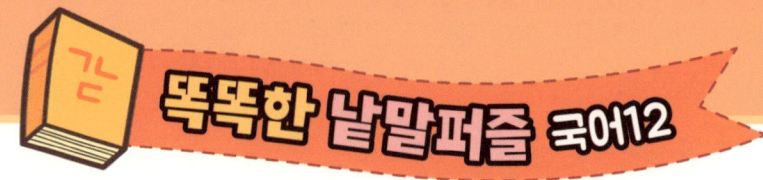

》》 가로 열쇠

❷ 지난 일을 잊지 아니함
   예) 오늘 하루 중 가장 ○○에 남는 일을 그림으로 그리고 글로 정리해 쓰면 그림일기가 돼요.
   반) 망각 한) 記憶

❹ 어떤 것에 마음이 끌리어 흥미를 느낌
   예) 나는 우리나라 역사에 ○○이 많아요.
   한) 關心

❻ 누워 잘 때 몸을 덮는 물건
   [수수께끼] 불은 불인데 뜨겁지 않은 불은? ○○

❼ 도로를 가로질러 사람이 건너다니는 길
   예) ○○○○에서는 우선 멈추고 좌우를 살펴야 해요.
   비) 건널목 한) 橫斷步道

≫ 세로 열쇠

❶ 우리나라의 국기
   [동요] ○○○가 바람에 펄럭입니다~.
   한) 太極旗

❸ 많은 책을 모아 두고 시민이 볼 수 있도록 한 시설
   예) ○○○은 공공시설 중의 하나예요.
   한) 圖書館

❺ 걸어 다닐 때 짚는 긴 막대기
   [수수께끼] 걸어가면서 도장 찍는 것은? ○○○

❽ 뿌리를 나물로 먹기도 하고 약으로도 쓰이는 풀
   [민요] 심심산천의 백○○○~.

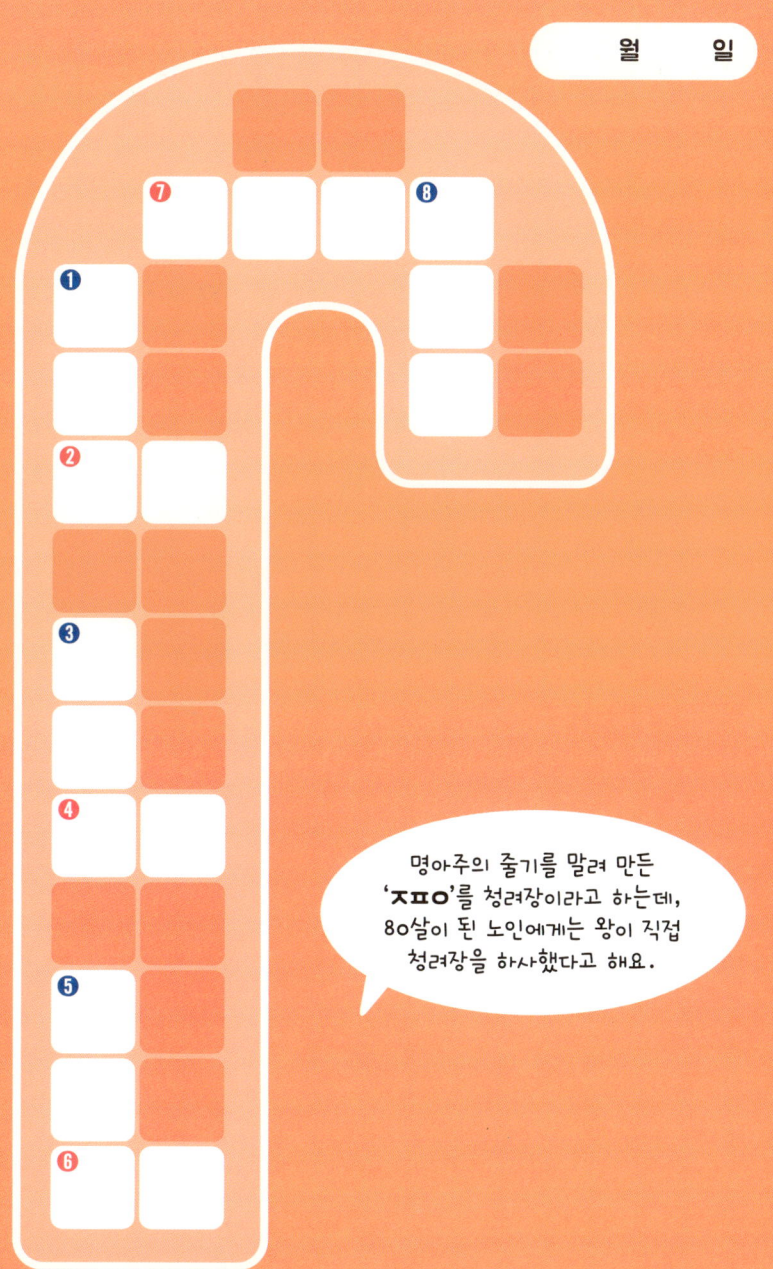

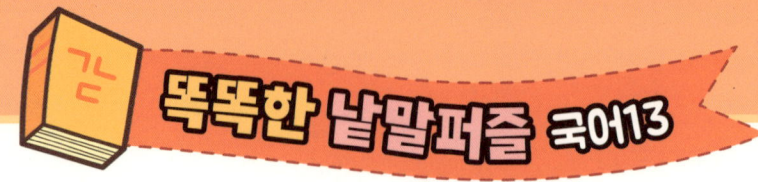

🏵 가로 열쇠

❶ 발뒤꿈치를 든 발
  예) 아기는 책상 위에 있는 과자를 잡으려 ○○○을 하곤 손을 위로 뻗었어요.
  비 깨금발

❸ 옛날에 쓰던 놋으로 만든 동전
  예) 실로 꿰어 가지고 다니기 쉽게 ○○ 가운데에는 구멍이 뚫려 있어요.
  한 葉錢

❻ 깨달아 앎
  예) 무슨 말인지 ○○하기가 힘들어요.
  비 양해 한 理解

❼ 음력으로 한 해의 맨 마지막 달
  [민요] 동지 ○○ 꽃 본 듯이 날 좀 보소~.
  비 십이월

🏵 세로 열쇠

❷ 발로 밟아서 남은 발 모양의 자국
  [동요] 하얀 눈 위에 구두 ○○○~.
  비 발짝

❹ 어떤 일을 차례로 전함
  예) 물건을 뒤로 잘 ○○해야 이기는 게임이에요.
  한 傳達

❺ 짓궂게 장난을 하는 아이
  예) 내 동생은 ○○○○예요.
  비 장난꾸러기

❽ 더듬이를 움직이며 느릿느릿 기어 다니는 동물
  [수수께끼] 항상 집을 등에 지고 다니는 것은? ○○○

월   일

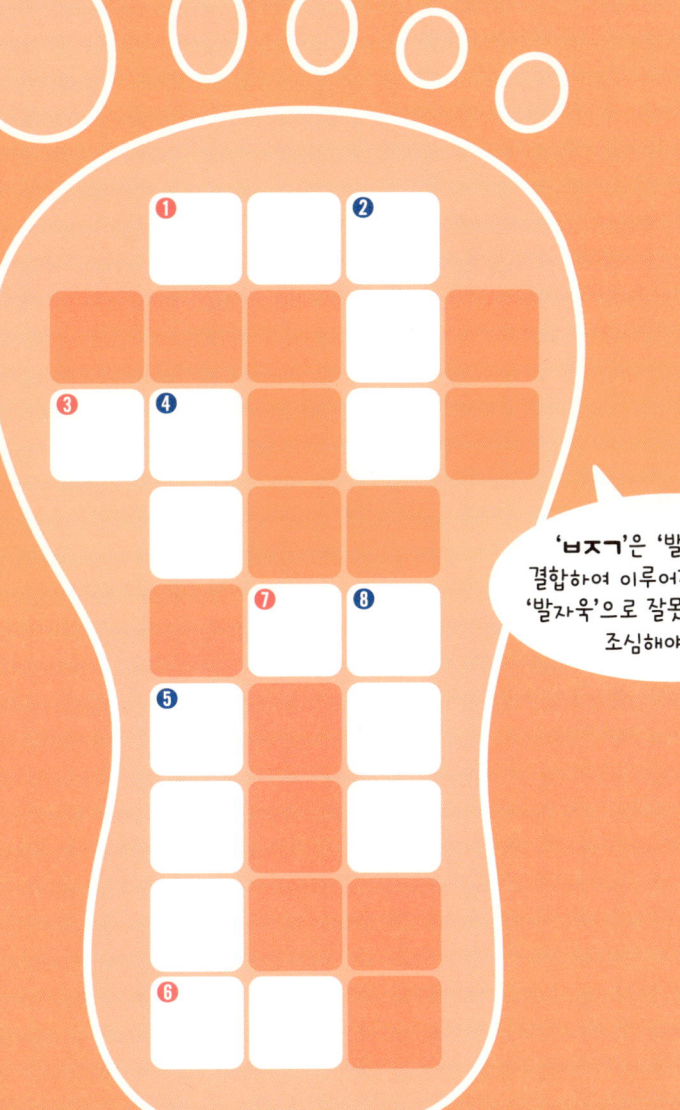

'발자국'은 '발'과 '자국'이 결합하여 이루어진 합성어예요. '발자욱'으로 잘못 적기 쉬우므로 조심해야 해요.

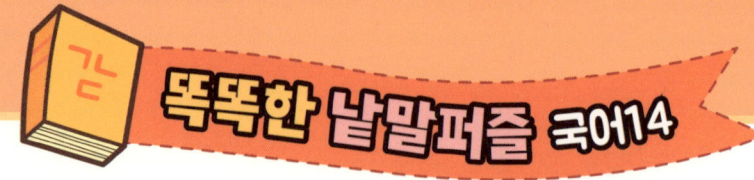

똑똑한 낱말퍼즐 국어14

>>> 가로 열쇠

❶ 물을 푸는 데 쓰는 그릇
  [속담] 집에서 새는 ㅇㅇㅇ는 들에 가도 샌다.
  🔵 박

❸ 어떠한 지방에서만 쓰는 표준어가 아닌 말
  예) 할아버지의 제주도 ㅇㅇㅇ는 '하루방'이에요.
  🔵 방언 🟢 표준어

❺ 형제와 자매를 아울러 이르는 말
  예) ㅇㅇㅇㅇ는 우애 있게 지내야 해요.
  🟢 兄弟姉妹

❼ 배우가 무대에서 극본에 따라 연기하며 관객에게 보여 주는 예술
  예) 우리 반은 학예발표회 때 '팥죽 할머니와 호랑이' ㅇㅇ을 하기로 하였어요.
  🟢 演劇

≫ 세로 열쇠

❷ 어떤 일을 빨리 깨닫고 올바르게 처리하는 힘
  [동화] '토끼의 재판'에는 꾀를 내어 나그네를 살리는 토끼의 ㅇㅇ로운 모습이 잘 나타나 있어.
  🔵 슬기 🟢 智慧

❹ 한글 자음자 'ㄹ'의 이름
  예) 니은, 디귿, ㅇㅇ, 미음…….

❻ 보통 정도보다 훨씬 더
  예) 거짓말하는 것은 ㅇㅇ 나쁜 행동이야.
  🔵 아주

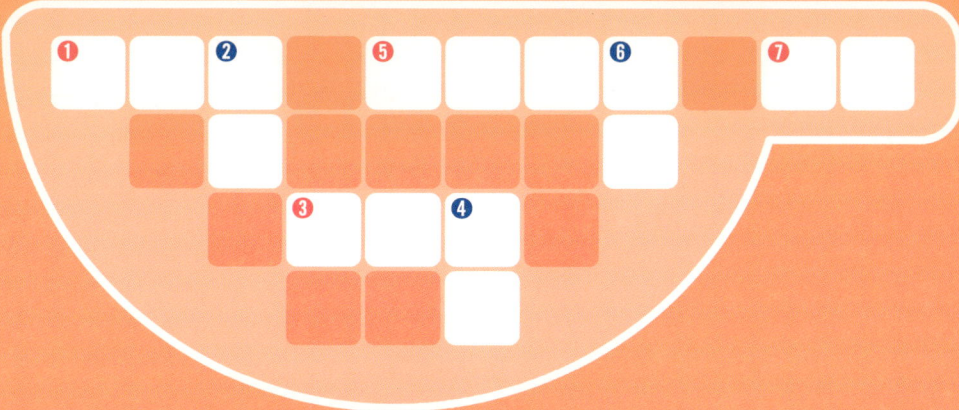

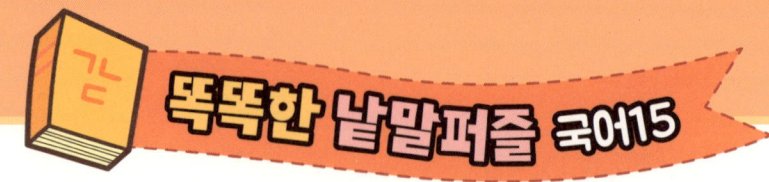

가로 열쇠

❷ 설탕을 끓여 여러 가지 모양으로 굳혀 만든 과자
  예) 핼러윈 축제가 되면 가면을 쓴 어린이들이 ○○과 초콜릿을 얻으러 다녀요.
  비) 캔디 한) 沙糖

❹ 바로 이 때
  [동화] 어떡해, 호랑이가 올라오잖아. 우리 ○○ 어쩌지?
  비) 지금

❺ 우리나라에서 가장 큰 섬
  [속담] 말은 나면 ○○○로 보내고, 사람은 나면 서울로 보내라.
  한) 濟州島

세로 열쇠

❶ 몸에 털이 북슬북슬 많이 나 있는 우리나라 토종개
  예) '귀신을 쫓는 개'라고 알려진 ○○○는 독도지킴이로도 유명해요.
  비) 삽살개

❸ 배가 불뚝하게 나온 사람
  예) ○○○○ 모양의 항아리가 장독대에 모여 있어요.

❻ 우리나라의 동해 끝에 있는 화산섬
  [노래] 그 누가 아무리 자기네 땅이라고 우겨도 ○○는 우리 땅, 우리 땅!
  한) 獨島

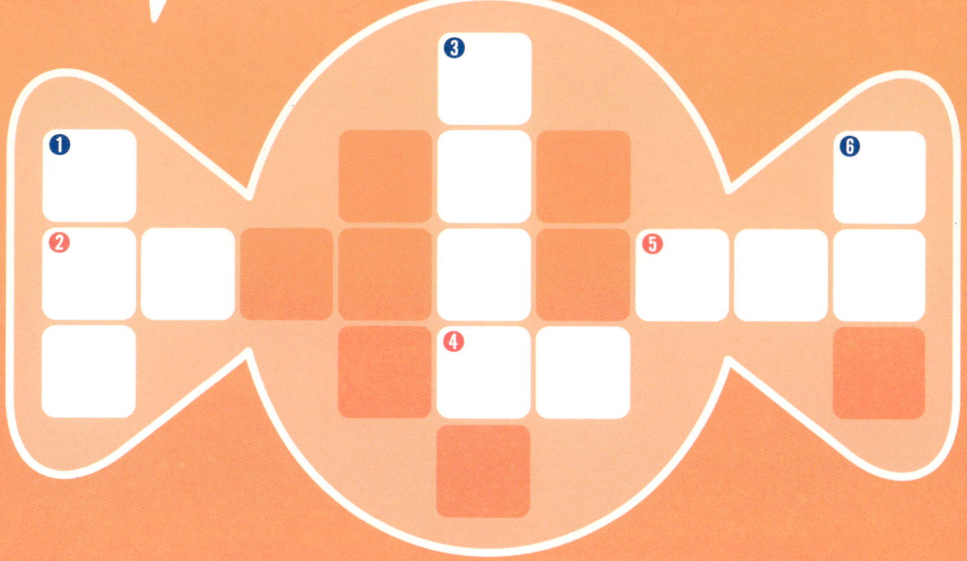

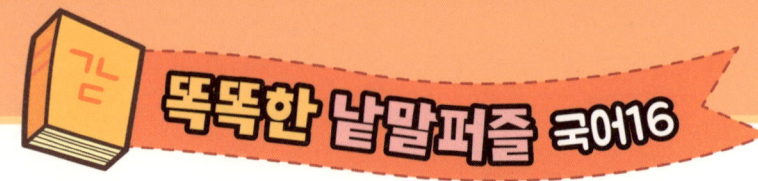

》》》 가로 열쇠

❷ 땅속에서 열매를 맺는 콩
  예) 오징어와 ○○은 입이 심심할 때 찾는 어른들의 간식이에요.
  비) 호콩

❹ 지적 활동으로 만들어낸 모든 재산권
  예) ○○○○○은 문화·예술 분야에서는 저작권을 산업·경제 분야에는 공업 소유권을 갖게 돼요.
  한) 知識財産權

❻ 사랑으로 베풀어 주는 혜택
  [노래] 스승의 ○○는 하늘 같아서 우러러 볼수록 높아만 지네.
  한) 恩惠

❽ 마주 보며 이야기를 주고받는 것
  예) 웃어른과 ○○할 때는 공손한 태도로 높임말을 써야 해요.
  비) 대담 반) 독백 한) 對話

≫ 세로 열쇠

❶ 미처 생각할 겨를도 없이 급히
  예) ○○○ 급한 일이 생겼어요.
  비) 갑작스레

❸ 콩을 떨어낸 껍데기
  [속담] 눈에 ○○○가 씌었다.

❺ 나이가 젊은 사람
  [속담] ○○○ 망령은 몽둥이로 고친다.
  비) 청년 반) 늙은이

❼ 남의 말이나 의견을 따르지 않고 맞서 거스름
  예) '선의의 거짓말은 해도 된다'는 친구의 의견에 ○○합니다.
  비) 거역 반) 찬성 한) 反對

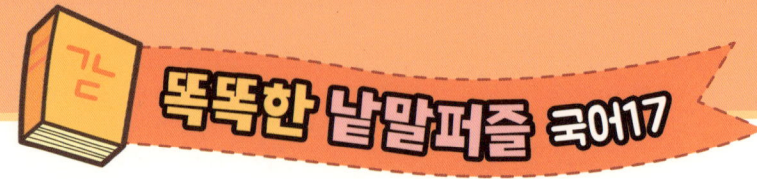

똑똑한 낱말퍼즐 국어 17

🡆 가로 열쇠

❶ 등과 배에 단단한 껍데기가 있어서 느릿느릿 걷는 동물
 [동화] 토끼와 ○○○가 달리기 경주를 하였어요.
 🔵 거북

❸ 네 개의 선분으로 둘러싸인 평면도형
 예) ○○○의 네 각의 합은 360도예요.
 🔵 四角形

❺ 거북선으로 왜군을 물리친 조선시대의 장군
 예) ○○○의 한산대첩, 강감찬의 귀주대첩, 을지문덕의 살수대첩
 🔵 李舜臣

❼ 어린이를 위해 지은 이야기
 예) '옛날 옛적에~'로 시작하는 전래 ○○는 몇 번을 읽어도 재미있어요.
 🔵 童話

⬇ 세로 열쇠

❷ 사는 곳을 다른 데로 옮김
 예) 새 집으로 ○○를 가요.
 🔵 移徙

❹ 형을 높여 부르는 말
 예) ○○ 먼저 아우 먼저

❻ 학문과 예술이 뛰어난 율곡 이이의 어머니
 예) 오천 원에는 율곡 이이, 오만 원에는 ○○○○의 초상화가 그려져 있어요.
 🔵 申師任堂

❽ 동식물이나 사물을 사람처럼 묘사하여 교훈을 주는 이야기
 [동화] '토끼와 거북이 경주'는 이솝 ○○에 나오는 이야기예요.
 🔵 寓話

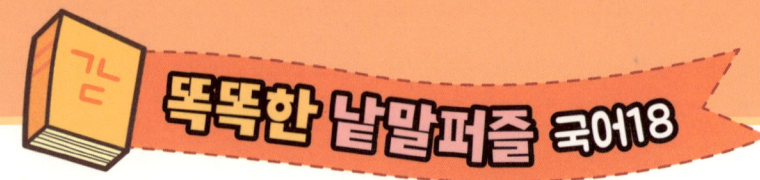

〉〉〉 가로 열쇠

❶ 물을 위로 세차게 내뿜도록 만든 장치
예) 동전 던지기 장소로 유명한 '트래비 ○○'는 로마에 가면 꼭 들르는 관광 명소예요.
한) 噴水

❸ 머리에 쓰면 다른 사람의 눈에 보이지 않는 신기한 감투
예) ○○○○○는 도깨비들이 쓰고 놀던 감투예요.

❺ 편안하게 잘 지내는지 그렇지 않은지를 묻는 일
예) 제주도에 사시는 할아버지께 ○○를 전하는 편지를 썼어요.
비) 소식 한) 安否

❼ 크게 소리 내어 글을 읽거나 욈
예) 학부모 참관 수업 때, 내가 지은 시를 ○○하기로 했어요.
한) 朗誦

≫ 세로 열쇠

❷ 수돗물을 받아 쓸 수 있게 만든 시설
예) 어디 ○○가 새는 데는 없나요?
한) 水道

❹ 구겨서 생긴 주름살
예) 인두는 불에 달구어 천의 ○○○을 눌러 펴는 데 쓰이는 기구예요.
비) 구김새

❻ 손에 쥐고 흔들어 바람을 일으키는 물건
[수수께끼] 여름에는 일하고 겨울에는 쉬는 것은? ○○

월 일

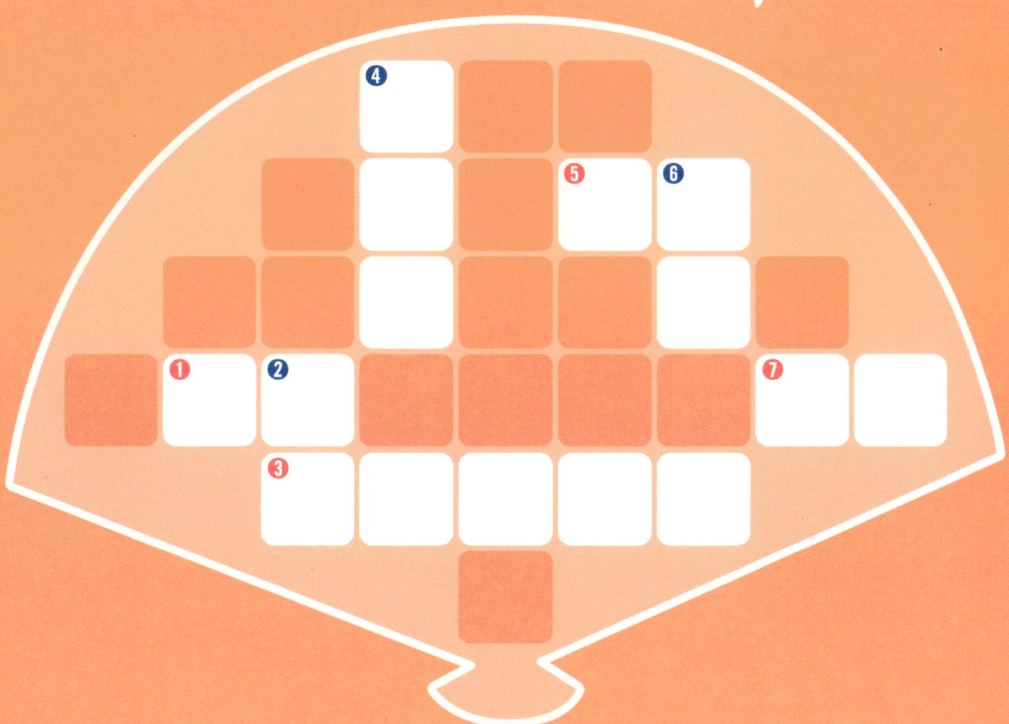

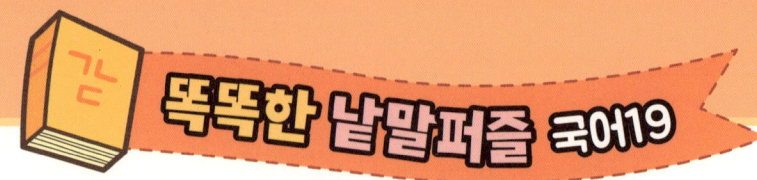

똑똑한 낱말퍼즐 국어19

▶▶▶ 가로 열쇠

❶ 산을 지키고 다스리는 신령
[동화] 나무꾼이 연못에 도끼를 빠뜨리자 ○○○이 나타났어요.

❸ 거만한 태도
예) 잘난 척 대마왕은 남들 앞에서 늘 젠체하며 ○○○을 피웠어요.
비) 거만

❺ '은하'를 강물에 비유하여 일상적으로 이르는 말
예) 화가 난 옥황상제는 견우와 직녀를 ○○○ 동쪽과 서쪽 끝에 떨어뜨려 놓았어요.
만) 銀河水

❽ 미리 넘겨짚어 어림으로 헤아림
예) 사실도 확인하지 않고 ○○○○하여 헛소문을 퍼뜨리다가는 소중한 친구를 잃을 수 있어요.

▼ 세로 열쇠

❷ 두 다리의 힘으로 바퀴를 돌려 나아가는 탈것
예) ○○○를 탈 때는 안전모를 꼭 착용해야 해요.
비) 사이클 만) 自轉車

❹ 물고기를 짚으로 한 줄에 열 마리씩 두 줄로 엮은 것
예) 가족 수가 줄어들어 20마리를 엮어 팔던 굴비 ○○이 점점 사라지고 있어요.

❻ 일 년 중에서 낮이 가장 길고 밤이 가장 짧은 날
예) 동지에는 팥죽을 먹고, ○○에는 햇감자를 먹어요.
반) 동지 만) 夏至

❼ 드러나지 않게 가만히
예) 이상한 생각이 들어 선비에게 ○○○ 물어보았어요.

월 일

24절기의 하나인 '**ㅎㅈ**'는 양력 6월 21일경으로, 우리 조상들은 이날 비가 오면 풍년이 든다고 믿었어요.

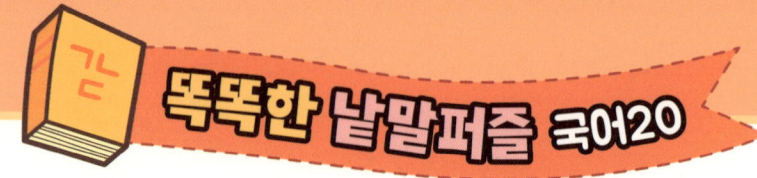

똑똑한 낱말퍼즐 국어20

》》 가로 열쇠

① 본디부터 있던 순우리말
예) '아버지'는 ○○○, '부친'은 한자어, '컴퓨터'는 외래어예요.
비) 토박이말 반) 외래어 한) 固有語

③ 막대기와 짚으로 사람 모양을 만들어 논밭에 세워 두는 물건
[수수께끼] 참새들이 가장 무서워하는 비는? ○○○○

⑤ 허균이 지은 우리나라 최초의 한글 소설
예) 조선시대 후기의 베스트셀러 1위는 ○○○○이었다고 해요.
한) 洪吉童傳

⑥ 용이 되지 못하고 물속에 산다는 큰 구렁이
[속담] 용 못된 ○○○ 방천 낸다.

≫ 세로 열쇠

② 어느 시기에 여러 사람에게 널리 퍼져 쓰이는 말
예) '펭하'는 '펭수 하이'를 뜻하는 ○○○ 였어요.
비) 요샛말 한) 流行語

④ 잘하고 잘못한 까닭을 가리어 밝힘
예) 논리적으로 ○○하는 것은 가능하지만, 남의 허물을 꼬집으며 비난하는 사람이 있다면 퇴장시키겠습니다.
비) 비평 한) 批判

⑦ '이러하게'의 줄임말
[동요] 나처럼 해봐요 ○○○, 아이 참 재미있다.

⑧ 인물의 삶을 사실대로 기록한 글
예) 한글을 창제한 세종대왕의 ○○○을 읽으면 백성을 사랑하는 마음이 느껴져요.
한) 傳記文

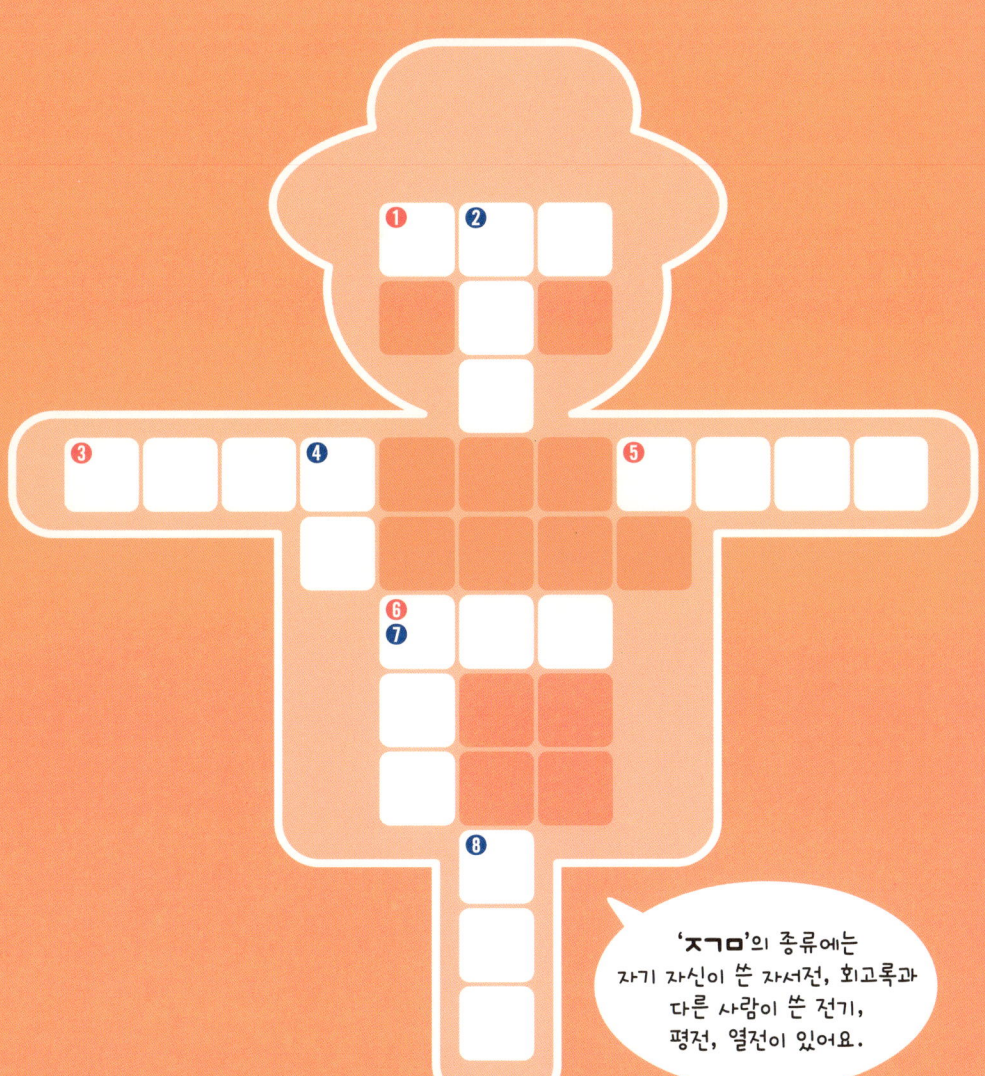

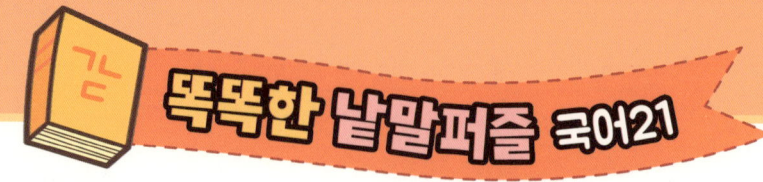

똑똑한 낱말퍼즐 국어 21

》》》 가로 열쇠

❷ 세상에 태어난 날
　[속담] ○○날 잘 먹으려고 열흘 전부터 굶는다.
　한 生日

❹ 줄기에 돋은 가시가 특징인 아름다운 꽃
　예) 4월에는 벚꽃 축제, 5월에는 ○○ 축제, 6월에는 해바라기 축제가 열려요.
　한 薔薇

❼ 마음속으로 괴로워하며 속을 태움
　예) 어린이들의 최대 ○○은 친구들과 놀 시간이 부족하다는 거예요.
　한 苦悶

≫ 세로 열쇠

❶ 책을 읽음
　예) 하버드 졸업장보다 더 중요한 것은 ○○하는 습관이라고 빌 게이츠가 말했어요.
　한 讀書

❸ 날마다 일어난 사실과 자기의 생각이나 느낌을 적은 글
　예) 매일매일 ○○를 쓰라고 하니, 도대체 뭘 써야 할지 모르겠어요.
　한 日記

❺ 영화, 연극, 문학 작품 등의 한 정경
　예) 영화 '겨울왕국'에서 어떤 ○○이 가장 기억에 남니?
　한 場面

❻ 생각이나 감정을 표현하는 가장 작은 단위의 말과 글
　예) ○○이 모여 문단이 되고, 문단이 모여 한편의 글이 돼요.
　한 文章

❽ 세종대왕이 만든 우리나라의 글자
　예) ○○○○은 '백성을 가르치는 바른 소리'라는 뜻이에요.
　한 訓民正音

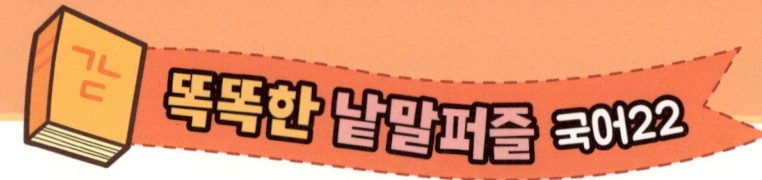

🗝️ 가로 열쇠

❶ 여름철 더위를 물리친다고 하여 삼계탕을 먹는 날
   예) ○○은 삼복이라 하여 초복, 중복, 말복으로 여름 중 가장 더운 기간을 말해요.
   비) 복

❸ 강의 양쪽 언덕에 걸쳐놓아 사람이 다니게 하는 길
   예) 삼천포와 남해를 잇는 ○○가 없었을 때는 배를 타고 건너야 했어요.
   비) 교량

❺ 일을 하다가 잠시 쉴 수 있는 짬
   예) 초등학생의 ○○ 시간이 고등학생과 같아 안타깝다는 기사가 났어요.
   비) 틈 한) 餘暇

❼ 사람으로서 마땅히 지켜야 할 착한 마음
   예) 하늘에 맹세코 나는 ○○에 가책받을 짓은 한 적이 없어요.
   비) 良心

🗝️ 세로 열쇠

❷ 매일매일
   예) 운동은 ○○○ 꾸준히 하는 게 좋아요.
   비) 나날이

❹ 피리와 같이 세로로 부는 목관 악기의 한 종류
   예) 내일 준비물은 가락악기인 ○○○와 리듬악기인 탬버린이에요.

❻ 가난한 사람을 낮잡아 이르는 말
   예) 할아버지는 ○○○○ 구두쇠가 아니라 어마어마한 부자래.
   비) 빈털터리

❽ 심술이 매우 많은 사람
   [동화] ○○○○ 사또가 한겨울에 산딸기를 따오라는 명령을 내렸어요.
   비) 심술꾸러기

월 일

바윗돌을 띄엄띄엄 놓아 만든 '징검다리', 왕이 건널 수 있도록 배를 잇대어 만든 배다리, 조선시대 돌다리 중 가장 긴 살곶이다리도 있어요.

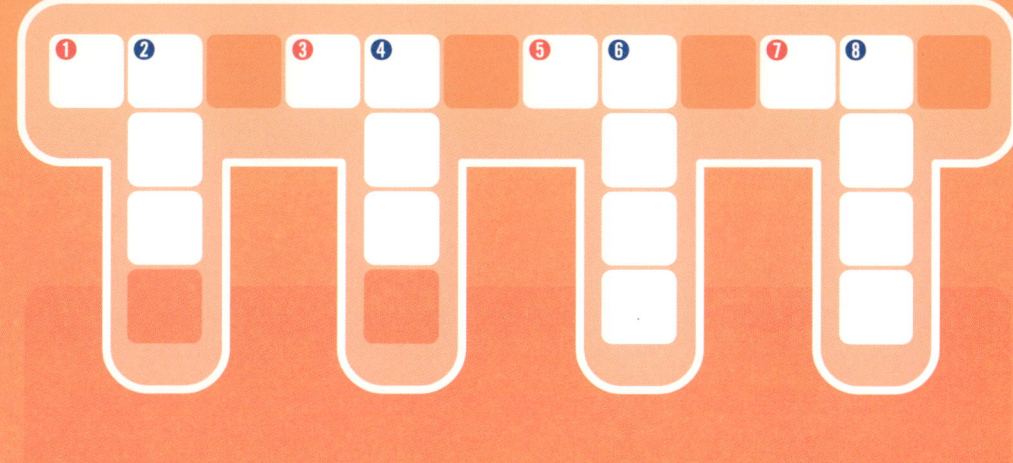

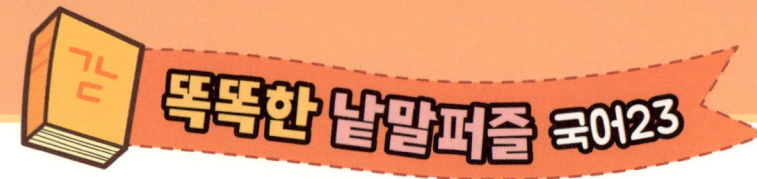

〉〉〉 가로 열쇠

① 상투를 튼 사람의 머리카락이 흘러내리지 않도록 머리에 두르는 그물처럼 생긴 물건
예) 조선시대에 남성들은 ○○을 두르고 그 위에 갓을 썼어요.
한 網巾

④ 초하룻날부터 세 번째 되는 날
[속담] ○○ 굶어 담 아니 넘을 놈 없다.
비 사흘날

⑤ 어떤 문제에 대해 함께 검토하여 해결함
예) 토론은 상대방을 설득하는 것이 목적이고, ○○는 협의하는 것이 목적이에요.
한 討議

⑧ 소 무릎의 종지뼈에 붙은 고깃덩이
예) 도가니탕은 소 무릎 ○○○를 넣어 푹 끓인 국을 말해요.

⬇ 세로 열쇠

② 몸과 마음이 아무 탈 없이 튼튼함
예) 할머니 할아버지 ○○하게 오래오래 사세요.

③ 얽힌 일을 풀어서 처리하는 사람
예) 우리 반 희재는 친구들의 고민 ○○○예요.
한 解決士

⑥ 소리를 흉내 낸 말
예) '멍멍'은 ○○○, '깡충깡충'은 의태어예요.
한 擬聲語

⑦ 우리나라 중부 동쪽에 있는 도
예) ○○○ 평창에서 2018 동계올림픽이 열렸어요.
한 江原道

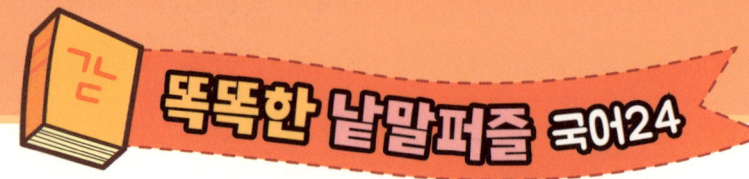

🔸 가로 열쇠

❶ 적을 만나면 시꺼먼 먹물을 내뿜는 연체동물
  예) 문어와 낙지의 다리는 8개, ○○○의 다리는 10개예요.

❸ 손해를 입음
  예) 다른 사람에게 ○○를 주는 일은 절대 해서는 안 돼요.
  반 가해 한 被害

❻ 이렇게 하든지 저렇게 하든지
  예) 에라 모르겠다. ○○○ 혼날 거 실컷 놀기나 하자.
  비 이왕에

🔸 세로 열쇠

❷ 오월과 유월
  예) 에고, ○○○ 감기는 개도 안 걸린다는데 내가 걸리고 말았어.

❹ 그 해 그 해
  예) ○○○ 풍년이 들면 좋겠어요.

❺ 소리는 같으나 뜻은 다른 글자
  예) 시장은 '배가 고프다, 시의 일을 맡은 우두머리'를 뜻하는 ○○○○○예요.
  한 同音異議語

❼ 가지고 있는 생각이나 뜻이 서로 통함
  예) 엄마는 사춘기인 딸과 ○○○○하기가 정말 힘들대요.
  비 커뮤니케이션 한 意思疏通

❽ 글이나 말로 세상에 널리 알리는 일
  예) 인기 있는 드라마나 영화의 주요 장면에 특정 회사의 제품을 배치하여 ○○ 효과를 얻기도 해요.
  한 廣告

❾ 글쓴이가 나타내고자 하는 중심 생각
  예) 이번 주 토의 ○○는 '소풍 장소는 어디가 좋을까?'입니다.
  비 논점 한 主題

똑똑한 낱말퍼즐 사회 01

》》 가로 열쇠

❶ 학문, 예술, 문화, 사회, 경제 등 인간 생활과 관계 깊은 온갖 사항을 간단하고 알기 쉽게 풀이해 놓은 책

예) 아는 것이 많은 사람을 걸어 다니는 ○○○○이라고 불렀어요.
한) 百科事典

❸ 새로운 소식을 전해 주는 방송 프로그램

예) 자세한 소식은 저녁 9시 ○○에서 말씀드리겠습니다.
비) 보도

❺ 앞으로 올 날

예) 어제는 과거, 오늘은 현재, 내일은 ○○예요.
비) 장래 반) 과거 한) 未來

❼ 우리나라 서남해 쪽에 있는 가장 큰 화산섬

예) 화산섬인 ○○○는 볼거리가 다양해 세계 여러 나라의 관광객들이 많이 찾는 곳이에요.
한) 濟州島

≫ 세로 열쇠

❷ 기본적인 지형만 그려져 있는 지도

예) 우리나라 지도를 투명지로 본떠서 도화지에 붙여 ○○○를 만들어요.
비) 암사 지도 한) 白地圖

❹ 무선인터넷 접속 기능을 가진 휴대 전화

예) 우리나라 어린이들의 ○○○○ 중독이 인터넷 중독의 3배나 될 정도로 심각하대요.

❻ 파도를 막기 위하여 바닷가 둘레에 쌓아 놓은 둑

예) 어촌 사람들은 해일을 대비하여 ○○○를 쌓았어요.
한) 防波堤

월 일

'ㅂㅍㅈ'는 물결을 막는 둑이라는 뜻이에요. 한자의 뜻을 알고 보면 어려운 단어도 쉽게 이해할 수 있지요.

똑똑한 낱말퍼즐 사회02

》》》 가로 열쇠

❶ 유럽 남부 이베리아반도 서쪽 끝에 있는 나라
   예) 에스파냐의 수도는 마드리드, ㅇㅇㅇㅇ의 수도는 리스본이에요.

❸ 가래떡을 어슷썰기로 얇게 썰어 맑은장국에 넣고 끓인 음식
   예) 우리 조상들은 설날에는 ㅇㅇ을 먹고, 추석에는 송편을 먹었어요.
   비) 병탕

❺ 오스트레일리아 대륙의 동남쪽에 있는 섬나라
   예) 오스트레일리아의 수도는 캔버라, ㅇㅇㅇㅇ의 수도는 웰링턴이에요.

❼ 남아메리카 중앙부에 있는 나라. 세계에서 다섯 번째로 큰 나라
   예) 아르헨티나의 수도는 부에노스아이레스, ㅇㅇㅇ의 수도는 브라질리아예요.

≫ 세로 열쇠

❷ 유럽 북부, 스칸디나비아 반도의 서부에 있는 나라
   예) 스웨덴의 수도는 스톡홀름, ㅇㅇㅇㅇ의 수도는 오슬로예요.

❹ 아시아 동부에 있는 나라. 세계에서 네 번째로 큰 나라
   예) 일본의 수도는 도쿄, ㅇㅇ의 수도는 베이징이에요.
   한) 中國

❻ '낮은 나라'라는 뜻을 가진, 유럽 북서부에 있는 나라
   예) 독일의 수도는 베를린, ㅇㅇㅇㅇ의 수도는 암스테르담이에요.

❽ 국수를 증기로 익히고 기름에 튀겨서 말린 즉석식품
   예) 요즘 아이들은 ㅇㅇ과 같은 인스턴트 식품을 지나치게 많이 먹어요.

똑똑한 낱말퍼즐 사회03

》》 가로 열쇠

❶ 비행기가 이륙 및 착륙을 할 수 있도록 시설을 갖춘 곳
   예) 캐나다 밴쿠버에서 인천국제○○까지 비행기로 13시간이 걸려요.
   🅑 비행장 🅚 空港

❸ 선거에서 뽑힘
   예) 시장에 ○○되면 서울을 국제적인 도시로 만들겠다고 공약을 했어요.
   🅑 입선 🅐 낙선 🅚 當選

❻ 회의 일을 책임지고 맡아 보는 사람
   예) 6학년이 되면 전교어린이○○에 입후보할 수 있어요.
   🅑 의장 🅚 會長

❼ 널리 알림
   예) 내가 좋아하는 연예인이 유니세프 ○○ 대사로 위촉되었어요.
   🅚 弘報

❾ 선전문이나 광고문 따위를 드리운 막
   예) 학교 교문에 '입학을 축하합니다'라는 ○○○이 크게 내걸렸어요.
   🅚 懸垂幕

≫ 세로 열쇠

❷ 여러 사람 앞에서 약속하는 것
   예) 선거 때마다 후보자들은 많은 것을 ○○하지만 선거가 끝나면 모른 체하기도 해요.
   🅑 계약 🅚 公約

❹ 많은 사람의 뜻으로 여러 사람 가운데서 대표를 뽑음
   예) 대한민국 제19대 대통령 ○○는 2017년 5월 9일에 실시되었어요.
   🅑 선정 🅚 選舉

❺ 국민이 뽑은 의원들로 조직된 기관
   예) 국회의사당은 ○○의원들이 모여서 회의를 하는 곳이에요.
   🅑 의회 🅚 國會

❽ 벽에 쓰거나 붙여 여러 사람에게 알리는 글
   예) 선거 ○○를 훼손하면 2년 이하의 징역이나 400만 원 이하의 벌금을 물어야 해요.
   🅑 대자보 🅚 壁報

월   일

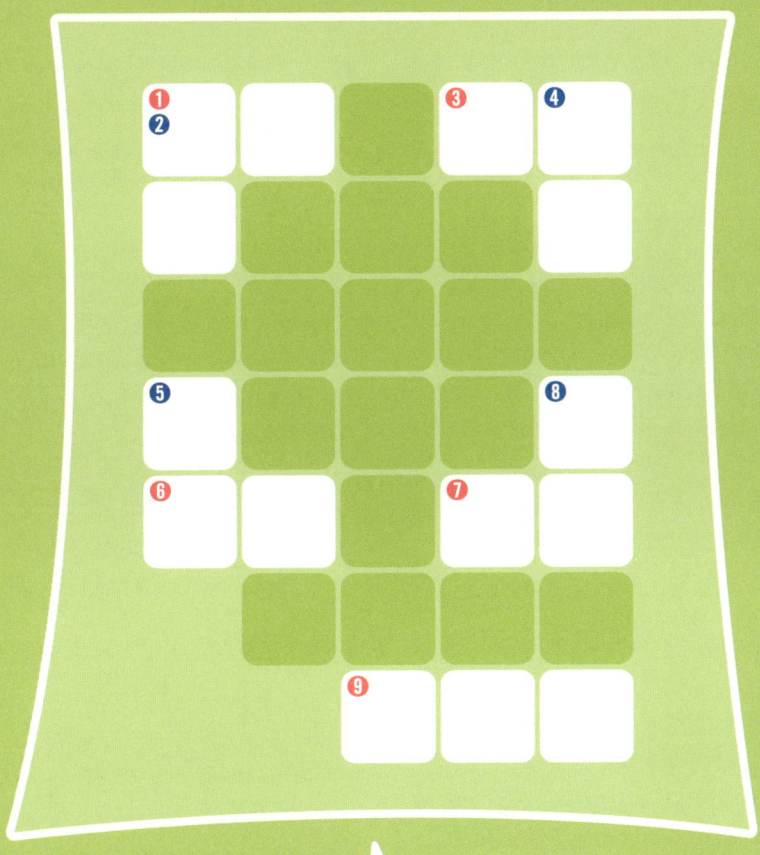

흔히 '플래카드'라고 많이 부르는데, 되도록 'ㅎㅅㅁ'으로 순화해서 쓰기로 해요.

똑똑한 낱말퍼즐 사회 04

》》》 가로 열쇠

❶ 성에 따른 차별 없이 자신의 능력에 따라 동등한 기회와 권리를 누리는 것
예) 남녀가 서로를 배려하고 존중하는 ㅇㅇㅇㅇ 사회를 만들기 위해 노력해요.
비) 남녀평등 한) 兩性平等

❸ 자기가 지지하는 사람의 이름을 쪽지에 써서 넣는 일
예) 어떤 연예인이 인기가 많은지 ㅇㅇ로 결정하기로 했어요.
비) 표결 한) 投票

❹ 투표용지에 써넣거나 표시할 수 있도록 투표장 안에 마련된 곳
예) 투표할 때는 반드시 ㅇㅇㅇ에 마련된 용구를 이용해야 해요.
한) 記票所

❻ 무언가 조사를 하거나 통계를 내기 위해 만든 질문지
예) 어린이 대부분이 부모와 함께 있을 때 가장 행복하다고 ㅇㅇㅇ에 응답했어요.

❽ 투표함을 열어 결과를 알아보는 일
예) 선거위원회는 ㅇㅇ 결과 홍길동 후보가 당선되었다고 발표했어요.
한) 開票

≽ 세로 열쇠

❷ 밤에 뱃길의 위험한 곳을 비추거나 목표로 삼기 위하여 등불을 켜 놓는 대
예) 선박의 안전한 항해를 돕는 ㅇㅇ는 바다의 신호등이라고도 불러요.
비) 광탑 한) 燈臺

❺ 우리나라의 기상 상태를 관측하고 연구하여 날씨를 미리 알려 주는 곳
예) 일기 예보가 자주 예상을 빗나가자 ㅇㅇㅇ에 비난이 빗발쳤어요.
한) 氣象廳

❼ 연설할 내용을 적은 글
예) 미국 대통령 오바마는 긴 ㅇㅇㅇ을 보지 않고 외워 청중들의 마음을 휘어잡았어요.
한) 演說文

월 일

'ㅌㅍ' 할 때는 반드시
'ㄱㅍㅅ'에 들어가서
투표용지에 표시해요.

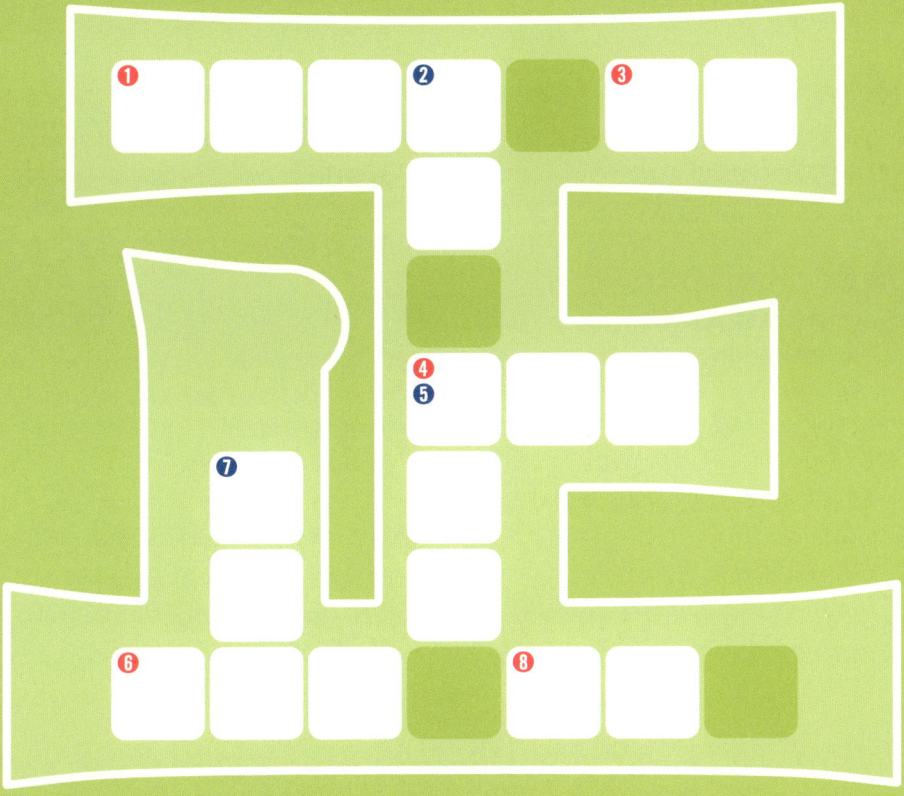

똑똑한 낱말퍼즐 사회05

⟫ 가로 열쇠

❶ 우리나라 가운데 있는 도
　예) ○○○○는 우리나라에서 바다와 접한 곳이 없는 유일한 도예요.
　답 忠淸北道

❸ 목적하는 바를 이룸
　예) 올해 꼭 엄마는 다이어트에, 아빠는 금연에 ○○했으면 좋겠어요.
　비 성취　반 실패　답 成功

❺ 군의 행정을 맡아보는 우두머리
　예) 관청 뜰에 좁쌀을 펴 놓고 ○○가 새를 쫓는다는 속담의 뜻은 뭐게?
　답 郡守

❼ 여러 사람이 모여 공동생활을 하는 집단
　예) 인간은 ○○적인 동물로 혼자서 살아갈 수 없어요.
　비 세계　답 社會

⩔ 세로 열쇠

❷ 도의 행정을 맡아 총괄하는 최고 책임자
　예) ○○○는 주민이 직접 선출하며 임기는 4년이에요.
　비 지사　답 道知事

❹ 국가에서 정하여 다 함께 쉬는 날
　예) 달력에서 ○○○이 가장 많은 달은 5월이에요.
　비 공휴　답 公休日

❻ 회의에서 많은 사람의 의견에 따라 결정함
　예) 네 마음대로 결정하다니, 넌 ○○○의 원칙도 모르니?
　비 다수가결　답 多數決

❽ 의원들이 모여서 회의를 하는 기관
　예) 국가 기관의 ○○를 국회, 지방 자치 단체 기관의 ○○를 지방 의회라고 해요.
　비 입법부　답 議會

똑똑한 낱말퍼즐 사회 06

▶▶▶ 가로 열쇠

❶ 지하 철도 위를 달리는 전동차
  예) 출퇴근 시간에 ㅇㅇㅇ을 이용하는 시민들이 많아 지옥철이라고 불러요.
  비) 지하철도 한) 地下鐵

❸ 여러 사람이 이용하는 버스, 지하철 따위의 교통수단
  예) 조금은 불편하더라도 자가용 대신 ㅇㅇㅇㅇ을 이용하세요.
  한) 大衆交通

❻ 신체, 정서, 지능 따위가 성장하거나 성숙함
  예) 스위스는 세계에서 가장 민주주의가 ㅇㅇ한 나라예요.
  비) 진보, 개화 한) 發達

❽ 한 주일의 끝 무렵
  예) 주로 토요일부터 일요일까지를 ㅇㅇ이라고 해요.
  반) 주초 한) 週末

▽▽ 세로 열쇠

❷ 짐을 얹어 사람이 등에 지는 나무로 만든 기구
  예) 나무꾼은 ㅇㅇ를 지고 산으로 나무하러 갔어요.

❹ 대한민국 동남부 내륙에 있는 광역시
  예) 경상북도의 도청 소재지인 ㅇㅇ는 팔공산의 갓바위로 유명해요.
  한) 大邱

❺ 서울특별시 중구와 용산구 사이에 있는 262m의 산
  [노래] ㅇㅇ 위에 저 소나무 철갑을 두른 듯
  비) 목멱산 한) 南山

❼ 효모나 세균, 곰팡이의 작용으로 유기물이 분해되어 새로운 물질이 만들어지는 현상
  예) 김치뿐만 아니라 간장, 된장, 고추장은 우리나라를 대표하는 ㅇㅇ식품이에요.
  비) 발배 한) 醱酵

❾ 자동차를 일정한 곳에 세워 둠
  예) 일반인이 장애인 전용 주차 구역에 ㅇㅇ하면 과태료가 부과돼요.
  한) 駐車

똑똑한 낱말퍼즐 사회 07

가로 열쇠

① 나라에 급한 일이 있을 때 신호로 올리던 불
예) 외적이 침입하면 봉수대에 ○○를 피워 위급함을 알렸어요.
한) 烽火

③ 알뿌리가 크게 생긴 파의 일종으로 매운맛이 남
예) 우리 할머니는 자꾸 ○○를 다마네기라고 불러요.

⑤ 1392년 이성계가 고려를 무너뜨리고 세운 나라
예) 훈민정음을 창제한 세종대왕은 ○○의 제4대 왕이에요.
비) 근세조선 한) 朝鮮

⑧ 외국으로부터 쳐들어오는 적
예) 천리장성은 ○○의 침략을 막기 위하여 쌓은 성이에요.
비) 외구 한) 外敵

세로 열쇠

② 봉화를 올릴 수 있게 만들어 놓은 곳
예) 남산의 ○○○는 전국 방방곡곡에 뻗어 있는 봉화가 집결되는 곳이었어요.
비) 봉화대 한) 烽燧臺

④ 조선시대에 공문서를 급히 전달하기 위하여 역마를 갈아타는 곳
예) 봉화보다 날씨의 영향을 덜 받는 ○○은 문서로 전달되어 보안이 잘 유지되었어요.
비) 파발마 한) 擺撥

⑥ 유조 시설을 갖추고 석유를 운반하는 배
예) 대형 ○○○이 암초에 부딪혀 엄청난 양의 기름이 유출되었어요.
비) 유송선 한) 油槽船

⑦ 한 줄의 레일을 이용하여 차량이 달리는 철도
예) 진해탑을 구경하려면 걸어서 올라가거나 ○○○○를 타고 가는 방법이 있어요.
비) 케이블

똑똑한 낱말퍼즐 사회 08

▶▶▶ 가로 열쇠

❶ 사람을 태우고 사람이 끌도록 만든 수레
예) 중국에서 유래된 ○○○는 최초의 인간 택시라고 할 수 있어요.
한) 人力車

❹ 예전에 어른이 된 남자가 머리에 쓰던 의관의 하나
예) ○ 사러 갔다가 망건 산다는 속담도 모르니?
비) 갓모자

❻ 유럽과 아메리카를 통틀어 이르는 말
예) 동양은 크게 웃는 표정을 '^O^'로 나타내고, ○○은 ':D'로 표현해요.
비) 구미 한) 西洋

❽ 시의 행정 사무를 맡아 보는 기관
예) 서울 ○○으로 가려면 지하철을 타고 시청역에서 내려서 5번 출구로 빠져나오면 돼요.
한) 市廳

▼▼ 세로 열쇠

❷ 뿌리가 꼭 사람처럼 생긴 두릅나뭇과에 속하는 약용식물
예) 우리나라의 ○○은 약효와 성분 면에서 세계 최고로 인정받고 있어요.
비) 삼 한) 人蔘

❸ 가족이 모여서 생활하는 공간
예) 주말이면 아빠는 ○○ 소파에 앉아 텔레비전을 보거나 잠을 자요.
비) 거처방 한) 居室

❺ 유라시아 대륙의 동부 지역
예) 허준의 동의보감은 ○○에서 가장 우수한 의학서 중 하나로 평가받고 있어요.
비) 오리엔트 한) 東洋

❼ 모시풀 껍질의 섬유로 짠 옷감
예) ○○는 바람이 잘 통하고 몸에 잘 달라붙지 않아 여름 옷감으로 많이 쓰여요.
비) 저마포

똑똑한 낱말퍼즐 사회09

🔸 가로 열쇠

❶ 놋쇠로 만든 그릇
　예) 안성맞춤은 안성에 ○○를 주문하여 만든 것처럼 잘 들어맞는다는 데서 유래했어요.
　비) 놋그릇 만) 鍮器

❸ 대나무를 재료로 하여 만든 제품
　예) 대나무가 잘 자라는 담양의 특산물은 ○○○○○이에요.
　만) 竹細工品

❹ 멀리 떨어져 있는 두 곳에서 문자나 그림을 주고받을 수 있는 장치
　예) 우편으로 보내면 늦으니 지금 빨리 ○○○○로 보내 주세요.
　비) 팩스

❺ 우리나라 서남부에 있는 도
　예) ○○○○ 진도에 있는 진돗개는 천연기념물 제53호예요.
　비) 전남 만) 全羅南道

❼ 소금에 약간 절여서 통째로 말린 조기
　예) 고등어 한 손은 두 마리, ○○ 한 두름은 20마리예요.
　비) 건석어

🔸 세로 열쇠

❷ 우리나라 중서부에 있는 도
　예) ○○○의 도청 소재지는 수원이에요.
　비) 경기 만) 京畿道

❻ 연안의 모래 바닥에 살다가 천적이 오면 모래 속에 숨는 은백색의 가늘고 긴 물고기
　예) 예능프로그램 1박 2일에서 지는 팀은 벌칙으로 ○○○ 액젓을 먹어요.

❽ 경옥과 연옥 따위를 통틀어 이르는 말
　[속담] ○에도 티가 있다는 말 모르니?
　만) 玉

월 일

'ㅈㅅㄱㅍ'처럼
특산물이란 어떤 지역에서 특별하게
생산되어 나오는 물건을 말해요.

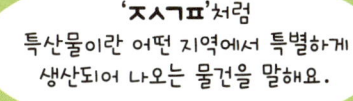

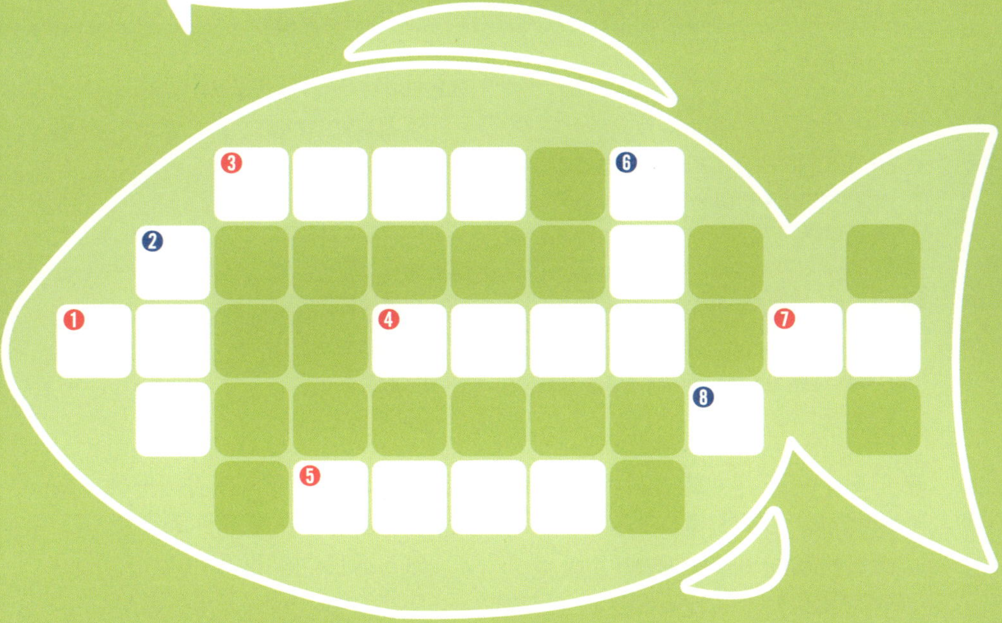

똑똑한 낱말퍼즐 사회 10

가로 열쇠

① 서울특별시 종로구 세종로에 있는 조선시대의 궁전
  예) 우리나라 5대 궁궐은 '창덕궁, 창경궁, 경희궁, ㅇㅇㅇ, 덕수궁'이랍니다.
  한) 景福宮

③ 강에서 배가 드나드는 곳
  예) 강을 건너려는 사람들이 마포ㅇㅇ에서 배를 기다리고 있어요.
  비) 나루터

⑤ 나무로 만든 그릇
  예) 나이테가 보이는 것이 특징인 남원의 ㅇㅇ는 주로 단단한 물푸레나무를 써요.
  한) 木器

⑦ 남자의 얼굴 형태를 조각하여 마을이나 사찰 입구에 세운 조각상
  예) 잡귀로부터 마을을 지키기 위해 ㅇㅇㅇㅇㅇ을 마을 어귀에 세웠어요.
  한) 天下大將軍

⑧ 지구 위 바다, 육지, 산, 강의 지형을 그린 그림
  예) 대동여지도는 김정호가 만든 우리나라의 ㅇㅇ예요.
  한) 地圖

세로 열쇠

② 우리나라의 꽃
  [노래] ㅇㅇㅇ 삼천리 화려강산 대한 사람 대한으로 길이 보전하세.
  비) 근화 한) 無窮花

④ 전라남도 중서부에 있는 시
  예) 상주의 특산물은 곶감, ㅇㅇ의 특산물은 배예요.
  한) 羅州

⑥ 도기, 자기, 사기, 질그릇 따위를 통틀어 이르는 말
  예) 여주와 이천은 ㅇㅇㅇ로 유명한 고장이에요.
  한) 陶瓷器

⑨ 여자의 얼굴 형태를 조각하여 마을이나 사찰 입구에 세운 조각상
  예) 천하대장군은 머리에 관모가 있지만, ㅇㅇㅇㅇㅇ은 머리에 관모가 없어요.
  한) 地下女將軍

꽃과 꽃이 끝없이 이어 피는 꽃이란 뜻을 가진 '**ㅁㄱㅎ**'는 악조건 속에서도 끈질긴 생명력으로 꽃을 피워요.

똑똑한 낱말퍼즐 사회11

가로 열쇠

❷ 사람의 사체를 실어서 묘지까지 나르는 도구
   예) 외할머니는 꽃으로 꾸민 ○○를 타고 저승으로 떠나셨어요.
   비) 영여 한) 喪輿

❹ 장사를 지내는 의식
   예) ○○○은 영원히 이별한다는 뜻에서 영결식이라고도 불러요.
   한) 葬禮式

❻ 부부 관계를 맺는 서약을 하는 의식
   예) 한국민속촌에서는 전통 ○○를 널리 알리기 위해 결혼식을 무료로 치러 주었어요.
   비) 결혼식 한) 婚禮

❽ 사람을 태우고 갈 수 있도록 만든 조그만 집 모양의 탈것
   예) 잔칫날 신부를 ○○에 태워 놓고 버선이 없다 한다.
   비) 교자

세로 열쇠

❶ 어떤 지역의 특별한 산물
   예) 한라봉은 제주의 ○○○○이에요.

❸ 예전에 장가든 남자가 머리털을 끌어올려 정수리 위에 틀어 감아 맨 것
   예) 애들을 귀해 하면 어른 머리에 ○○를 푼다는 속담이 있어요.

❺ 성년이 되는 것을 기념하는 통과 의례
   예) 관례는 요즘의 ○○○과 비슷하다고 생각하면 돼요.
   비) 관례 한) 成年式

❼ 제사 지낼 때의 예절
   예) 관혼상제는 관례, 혼례, 상례, ○○를 아울러 이르는 말을 뜻해요.
   비) 제식 한) 祭禮

똑똑한 낱말퍼즐 사회12

〉〉〉 가로 열쇠

❷ 서로 닮은 점
  예) 너와 나는 차이점보다 ○○○이 더 많은 것 같아.
  비) 유사점 반) 차이점 한) 共通點

❹ 발명하는 사람
  예) 최무선은 우리나라 최초로 화약을 발명한 고려시대의 ○○○예요.
  비) 발명인 한) 發明家

❻ 개인이나 단체가 인터넷을 통해 정보를 제공하거나 의사소통을 하기 위해 특별한 형식으로 만든 하이퍼텍스트
  예) 우리 학교에 대해 더 자세히 알고 싶으면 ○○○을 방문해 주세요.
  비) 홈페이지

❽ 지구를 벗어나 다른 행성으로 가는 여행
  예) 가까운 미래에 우주 항공기를 타고 ○○○○을 하는 시대가 올 거래요.
  한) 宇宙旅行

≫ 세로 열쇠

❶ 인공적으로 행성 주위를 회전하도록 만든 물체
  예) 우리별 1호는 우리나라 최초의 ○○○○이에요.
  비) 인공지구위성 한) 人工衛星

❸ 새로운 것을 연구하여 만들어 냄
  예) 우리 회사에서 기존 제품의 단점을 보완한 신제품을 ○○했어요.
  비) 발명 한) 開發

❺ 흐트러진 것을 가지런히 바로잡음
  예) 밥을 먹고 난 뒤에 그릇을 씻어 깨끗이 ○○하는 일을 설거지라고 해요.
  비) 정돈 한) 整理

❼ 한국에서 사육되는 소의 품종
  예) 수입 소고기보다 우리나라 ○○가 훨씬 맛이 좋아요.
  한) 韓牛

똑똑한 낱말퍼즐 사회13

≫ 가로 열쇠

❶ 아파트나 공장 등이 무리를 이루고 있는 일정한 구역
예) 아파트 ○○ 내에 대형 마트가 있어 멀리 시장까지 갈 필요가 없어요.
🔵 구역 🟡 團地

❹ 물건을 만드는 재료
예) 분리수거를 잘하면 버려진 쓰레기가 새로운 재활용 ○○가 돼요.
🟡 原料

❺ 늘어놓은 물건을 한데 거두어 감
예) 오늘은 쓰레기 분리 ○○를 하는 날이에요.
🟡 收去

❼ 다른 나라로부터 물품을 사들임
예) 우리나라는 전기 제품을 가장 많이 수출하고, 석유를 가장 많이 ○○해요.
🔵 수출 🟡 輸入

❽ 다 쓴 물건을 버리지 않고 다른 용도로 바꾸어 쓰거나 고쳐서 다시 쓰는 일
예) 일반 쓰레기와 달리 캔, 병, 플라스틱은 ○○○할 수 있는 물품이에요.
🔵 갱생 🟡 再活用

≫ 세로 열쇠

❷ 일정한 이름을 가지고 호를 거듭하며 정기적으로 간행하는 출판물
예) 아빠는 주로 신문을 보시고, 엄마는 주로 ○○를 보세요.
🟡 雜誌

❸ 생산에 이용되는 온갖 물자의 근원
예) 광물, 석탄, 석유와 같이 땅속에 매장되어 있는 ○○을 지하○○이라고 해요.
🟡 資源

❻ 사물의 어느 정도의 표준
예) 그림 솜씨가 아직 아마추어 ○○을 벗어나지 못했다고 열심히 노력하래요.
🟡 水準

❾ 무엇을 상징하여 나타낸 도안이나 상표
예) 손흥민 선수는 태극 ○○를 가슴에 달고 월드컵 대회에 출전하였어요.
🔵 상표

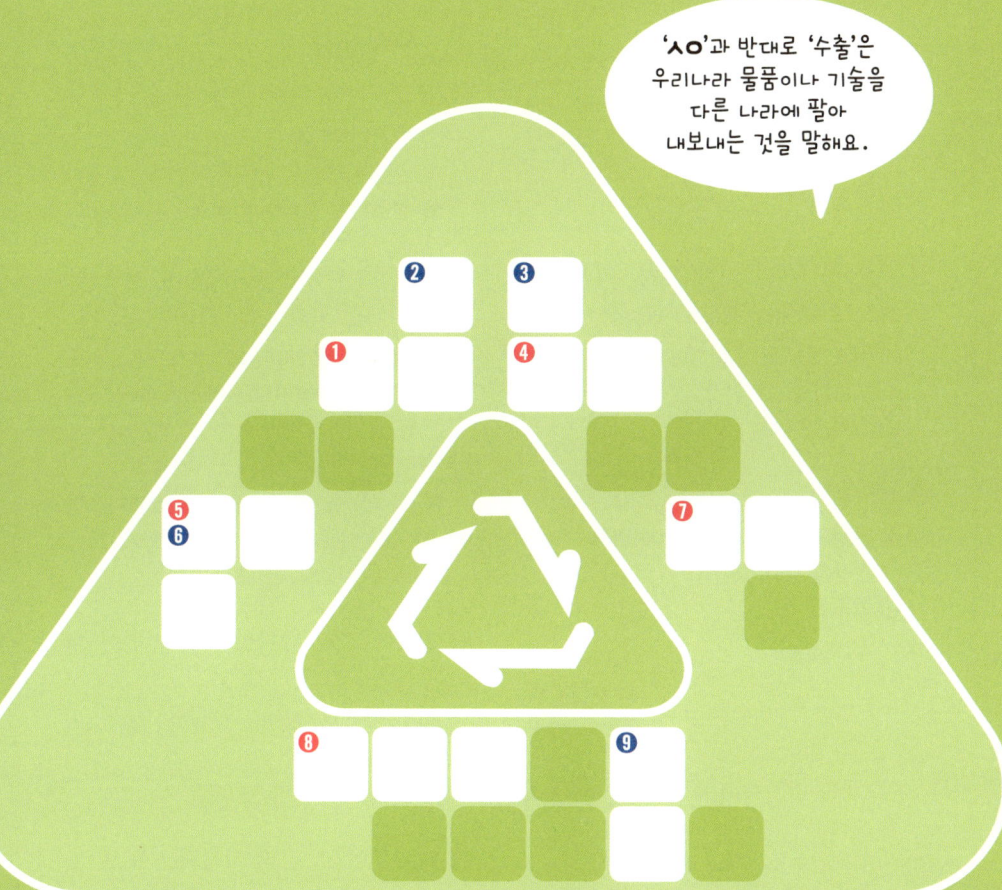

똑똑한 낱말퍼즐 사회 14

》》 가로 열쇠

❷ 음력으로 매월 초에 뜨는 달
예) 우리 할머니는 ○○○을 자꾸 초생달이라고 하셔요.
비) 초월

❹ 서로 생각이나 처한 위치, 이해하는 정도가 달라서 맞부딪치는 것
예) 칡과 등나무가 얽히고설켜서 풀기 어려운 상황을 ○○이라고 해요.
비) 반목 한) 葛藤

❼ 산책할 수 있게 만든 길
예) 남산의 ○○○를 찾은 시민들이 벚꽃길을 따라 걷고 있어요.
한) 散策路

≫ 세로 열쇠

❶ 한 채의 큰 건물 안에 여러 가구가 사는 서양식 건물
예) 요즘 사람들은 단독주택보다는 ○○○를 선호하는 경향이 있어요.

❸ 산등성이나 산비탈 따위의 높은 곳에 가난한 사람들이 모여 사는 동네
예) 높은 곳에 있어 달이 잘 보인다는 뜻에서 ○○○라는 이름이 붙여졌대요.

❺ 학생이 학교에 감
예) ○○할 때보다 하교할 때 교통사고가 자주 발생한다고 하니 조심하세요.
비) 출석 반) 하교 한) 登校

❻ 짚이나 갈대 따위로 이엉을 엮어 지붕을 인 집
예) 요즘은 시골에서도 ○○○을 찾아보기 어렵대요.
비) 초당

❽ 학교를 오고 갈 때 이용되는 도로
예) 등하교할 때 ○○○가 위험해 조심해야 해요.
한) 通學路

둘레길은 산의 둘레를 따라 도보로 일주하며 산책할 수 있도록 만들어 놓은 'ㅅㅊㄹ'예요.

똑똑한 낱말퍼즐 사회15

》》》 가로 열쇠

❸ 깊이 생각하며 조사해 가면서 공부하는 일
   예) 흡연은 태아의 건강에 나쁜 영향을 미친다는 ○○ 결과가 나왔어요.
   비) 탐구 한) 研究

❺ 한 번만 쓰고 버림
   예) 환경을 오염시키는 ○○○ 물건은 되도록 사용하지 마세요.
   한) 一回用

❽ 물건의 성질과 바탕
   예) 명품은 ○○은 좋은데, 값이 엄청 비싼 게 흠이야.
   비) 바탕 한) 品質

≫ 세로 열쇠

❶ 빛깔이 있는 심을 넣어 만든 연필
   예) 시험지를 채점할 때, 왜 꼭 빨간 ○○○을 쓰는 거죠?
   한) 色鉛筆

❷ 물이나 음료수를 따라 마시도록 종이로 만든 컵
   예) 커피를 마실 때 일회용 ○○○ 대신 머그잔을 이용하면 좋겠어요.

❹ 학용품과 사무용품 따위를 파는 곳
   예) 학교 앞 ○○○은 준비물을 사려는 아이들로 늘 북적대요.
   비) 문방구 한) 文具店

❻ 여러 사람이 자본을 내어 영업하는 단체
   예) 오늘은 근로자의 날이라 아빠는 ○○에 출근하지 않아도 된대요.
   비) 기업 한) 會社

❼ 원료로 만들어 낸 물품
   예) 백화점보다 시장에 가면 싸고 좋은 ○○이 많아요.
   비) 물건 한) 製品

월 일

'**ㅈㅍ**'과 비슷한 말로 물건, 물품, 상품 등으로 바꿔 쓸 수 있어요.

똑똑한 낱말퍼즐 사회16

▶▶▶ 가로 열쇠

❶ 지붕을 기와로 올린 집
예) 놀부는 고래 등 같은 ○○○에서, 흥부는 쓰러져 가는 초가집에서 살았어요.

❹ 한번 들어가면 쉽게 빠져나오기 어려운 길
예) 오늘날의 ○○는 영국 햄프턴 코트 궁전의 미궁에서 아이디어를 얻어 만들었대요.
(비) 미궁 (한) 迷路

❺ 생활 수준이 뒤떨어짐
예) 이 지역은 아직 전기 시설조차 되어 있지 않은 ○○된 마을이에요.
(비) 후진 (반) 선진 (한) 落後

❼ 석탄 가루를 버무려 만든 원통형의 고체 연료
예) ○○은 구멍 수에 따라 구공탄, 십구공탄, 이십이공탄으로 불러요.
(비) 구멍탄 (한) 煉炭

▼▼ 세로 열쇠

❷ 여객차나 화차를 끌고 다니는 철도 차량
예) 서울역에는 ○○를 타려는 사람들로 붐볐어요.
(비) 열차, 기관차 (한) 汽車

❸ 재미로 즐겨 하는 일
예) 아빠는 낚시가 ○○여서 주말에는 가족 모두 낚시를 가요.
(비) 흥미 (한) 趣味

❻ 갑자기 빠른 동작으로 뛰거나 몸을 움직이는 모양
예) 세상에서 가장 빠른 닭은 뭐게? ○○○

❽ 땅속에 묻힌 식물이 높은 열과 압력을 받아 만들어진 흑갈색의 암석
예) 강원도 태백은 전국 생산량의 30%에 이르는 ○○을 캐던 광산으로 유명했어요.
(비) 매탄 (한) 石炭

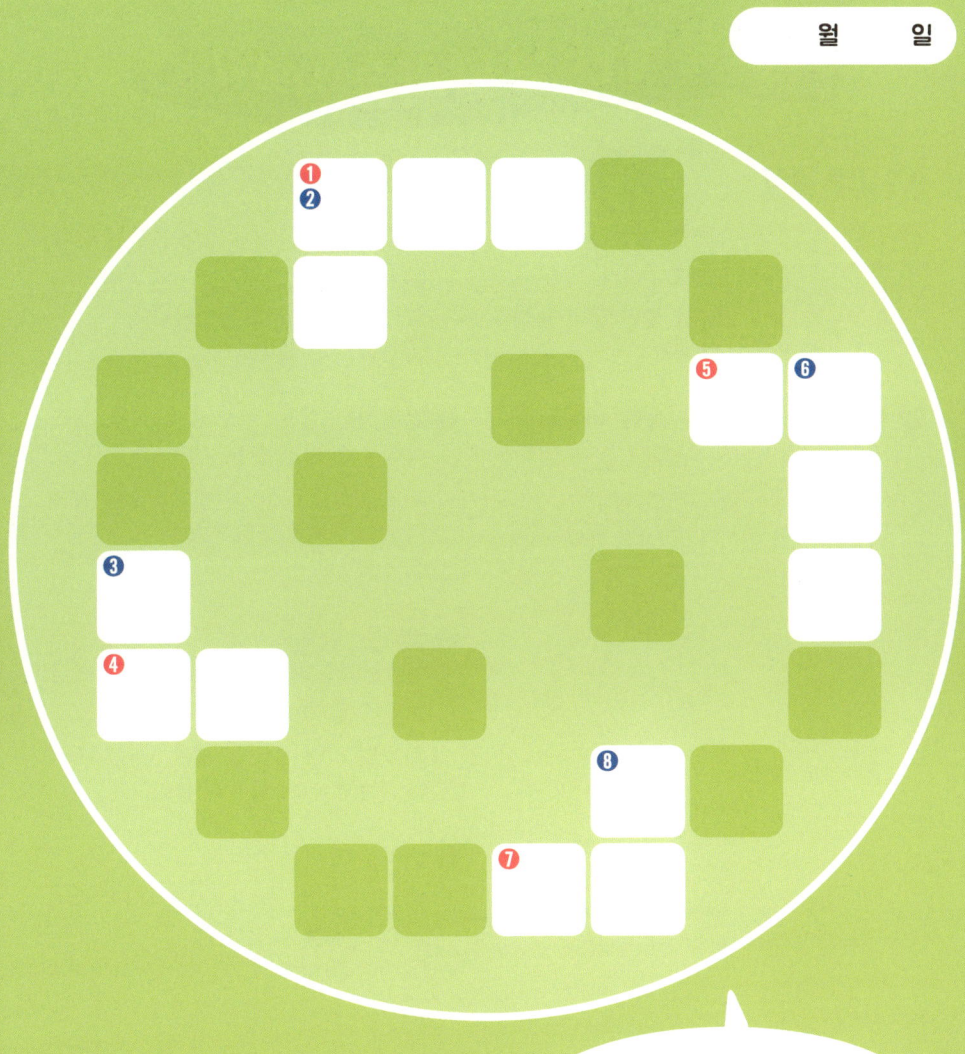

'ㅅㅌ'은 1960~70년대 우리나라의 산업 발전에 이바지하고, 연료 문제까지 해결했어요.

똑똑한 낱말퍼즐 사회17

》》》 가로 열쇠

❷ 연줄, 낚싯줄 따위를 감는 데 쓰는 기구

예) ㅇㅇ에 감긴 연줄을 풀면 연이 높이 날고, 감으면 낮게 날아요.

❹ 손바닥만 한 납작한 돌을 비석처럼 세우고 좀 떨어진 곳에서 돌을 던지거나 발로 차 쓰러뜨리는 놀이

예) ㅇㅇㅇㅇ를 비석치기라고도 해요.
⑪ 돌치기

≫ 세로 열쇠

❶ 몸과 마음에 장애가 있어 불편한 사람

예) 노약자와 임산부, ㅇㅇㅇ을 보면 자는 척하지 말고 자리를 양보하세요.
⑪ 장애자 ㉮ 障礙人

❸ 떨어지는 물의 힘으로 바퀴를 돌려 곡식을 찧거나 빻는 기구

예) 온종일 ㅇㅇㅇㅇ가 삐거덕 쿵덕 삐거덕 쿵덕 쉬지 않고 돌아요.
⑪ 수차

❺ 짤막한 나무토막을 긴 막대기로 쳐서 날아간 거리를 재어 승부를 정하는 아이들 놀이

예) 옛날 사내아이들은 넓은 공터에서 편을 나누어 ㅇㅇㅇ를 하며 놀았어요.

❻ 소리를 느끼는 감각

예) 개는 ㅇㅇ이 뛰어나 사람보다 50배가량 더 잘 들을 수 있대요.
⑪ 청감 ㉮ 聽覺

똑똑한 낱말퍼즐 사회 18

》》》 가로 열쇠

❷ 자동차를 직업적으로 운전하는 사람
  예) 우리 아빠는 택시를 운전하는 ○○예요.
  비) 운전기사 한) 技士

❸ 사람이 많이 모여서 물건을 사고팔고 하는 곳
  예) 할머니는 텃밭에서 기른 채소를 ○○에 내다 팔았어요.
  비) 장터 한) 市場

❻ 그림 그리는 것을 업으로 삼는 사람
  예) 김홍도와 신윤복은 조선시대의 대표적인 ○○예요.
  비) 화장이 한) 畫家

❼ 소설이나 만화, 극 따위에 등장하는 독특한 인물이나 동물의 모습을 디자인에 도입한 것
  예) 인기 만화 주인공들의 ○○○ 상품이 날개 돋친 듯 팔렸어요.

≫ 세로 열쇠

❶ 빵을 만드는 사람
  예) ○○○들은 매일 아침 신선한 빵을 만들어요.

❹ 반지나 귀걸이 등 몸치장을 하는 데 쓰는 물건
  예) 옛날 귀족들은 값비싸고 화려한 ○○○를 사용했어요.
  비) 장식품 한) 裝身具

❺ 이야기를 그림으로 그려서 나타낸 것
  예) 뽀로로는 어린아이들이 좋아하는 ○○ 캐릭터예요.
  한) 漫畫

❽ 집이나 밭 따위가 없는 비어 있는 땅
  예) 아이들은 일요일이면 마을 ○○에 모여 축구를 하고 놀아요.
  비) 공지

똑똑한 낱말퍼즐 사회 19

》》》 가로 열쇠

❶ 사내 동생이 손위 누이를 부르는 말
예) 형은 나보다 한 살, ㅇㅇ는 나보다 두 살이 더 많아요.
비) 누이 반) 오빠

❹ 동쪽·서쪽·남쪽·북쪽이라는 뜻으로, 모든 방향을 이르는 말
예) ㅇㅇㅇㅇ의 네 방향을 4방위라 하고, 북동·동남·남서·북서를 합해 8방위라고 해요.
비) 사방 만) 東西南北

❺ 방위를 나타내는 표
예) ㅇㅇㅇ를 보면 지도에서 동서남북 방향을 알 수 있어요.
만) 方位表

≫ 세로 열쇠

❷ 자침이 남북을 가리키는 특성을 이용하여 방향을 알아내는 계기
예) 등산할 때는 길을 잃지 않도록 지도와 ㅇㅇㅇ을 가져가는 것이 좋아요.
만) 羅針盤

❸ 움직여 옮김
예) 제비는 추운 겨울이 되면 따뜻한 남쪽 지방으로 ㅇㅇ해요.
비) 이전 반) 고정 만) 移動

❻ 어느 한 지역에서만 쓰는 표준어가 아닌 말
예) '단디해라'는 제대로 하라는 뜻을 가진 경상도 ㅇㅇ이에요.
비) 사투리 반) 서울말, 표준어 만) 方言

월   일

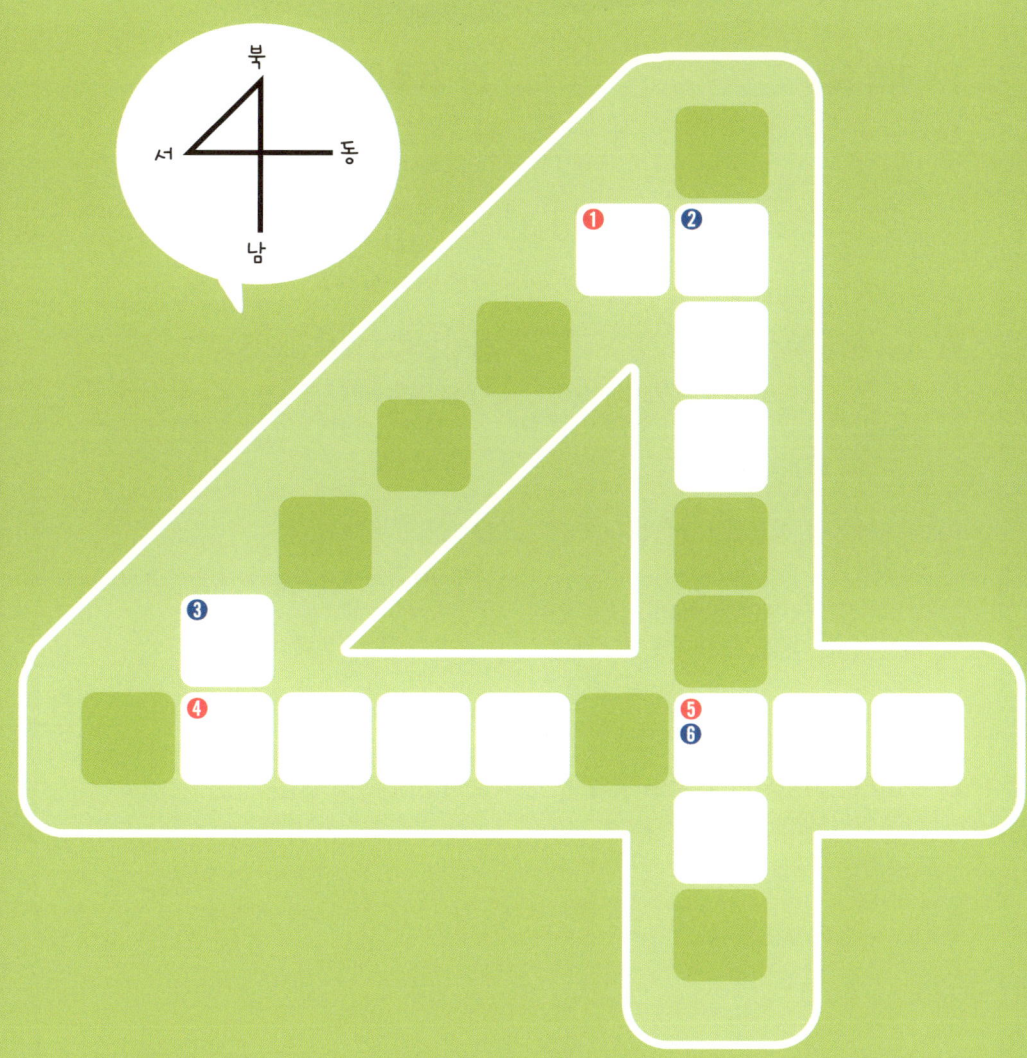

똑똑한 낱말퍼즐 사회20

〉〉〉 가로 열쇠

❶ 폭우나 지진 따위로 산비탈이 무너지는 일
  예) 산에 나무가 없으면 ㅇㅇㅇ가 일어나기 쉬워요.
  한) 山沙汰

❸ 과실나무를 심은 밭
  [동요] 동구 밖 ㅇㅇㅇ 길 아카시아 꽃이 활짝 폈네.
  비) 과수밭 한) 果樹園

❺ 지구 대기를 이루는 여러 가지 기체의 혼합물
  예) 물은 일주일 동안 못 먹어도 살 수 있지만, ㅇㅇ는 3분만 마시지 못해도 죽는대요.
  비) 대기 한) 空氣

❼ 경찰관이 파견되어 관할 구역의 치안을 맡아보는 곳
  예) 수상한 사람을 보면 즉시 ㅇㅇㅇ에 신고하세요.
  비) 지구대 한) 派出所

≫ 세로 열쇠

❷ 논밭을 갈아 씨를 뿌리고 가꾸어 거두는 일
  예) 올해 ㅇㅇ는 대풍이라며 할아버지께서 기뻐하셨어요.
  비) 농업 한) 農事

❹ 하늘에서 내린 물의 총량
  예) 우리나라의 연평균 ㅇㅇㅇ은 세계 평균보다 높아요.
  한) 降水量

❻ 대기의 온도
  [노래] 평균 ㅇㅇ 12도, 강수량은 1300. 독도는 우리 땅.
  비) 수은주 한) 氣溫

❽ 뫼를 높여 이르는 말
  예) 차례를 지낸 뒤 우리 가족은 할아버지의 ㅇㅇ에 가서 성묘했어요.
  비) 묘소, 무덤 한) 山所

월   일

눈이 내려 쌓인 양을 적설량이라 해요. 적설량의 단위는 cm이고, '강수량'의 단위는 mm예요.

똑똑한 낱말퍼즐 사회21

🟢 가로 열쇠

❶ 손으로 잡고 커서를 움직이는 데 쓰는 컴퓨터의 입력 장치
　예) 쥐 모양으로 생겼다고 해서 ㅇㅇㅇ라고 불러요.

❹ 다리를 자유롭게 쓰지 못하는 사람이 앉은 채로 이동할 수 있도록 바퀴를 단 의자
　예) 계단 옆에는 ㅇㅇㅇ가 지날 수 있도록 따로 비탈길이 만들어져 있어요.

❺ 정당한 격식이나 의식
　예) 2000년 시드니 올림픽에서 태권도가 ㅇㅇ 종목으로 채택되었어요.
　🔵 의식 🟢 약식 🟠 正式

❼ 원료나 재료를 가공하여 물건을 만들어 내는 설비를 갖춘 곳
　예) 수없이 솟은 굴뚝에서 시커먼 연기가 오르고, ㅇㅇ 안에서는 기계들이 돌아가요.
　🟠 工場

🟢 세로 열쇠

❷ 물을 긷기 위하여 땅을 파서 지하수를 괴게 한 곳
　[속담] ㅇㅇ에 가 숭늉 찾는다.
　🔵 샘

❸ 고기잡이하는 사람들이 모여 사는 바닷가 마을
　예) 농촌은 ㅇㅇ과 달리 주민 대부분이 농업에 종사하는 마을을 말해요.
　🔵 갯마을 🟠 漁村

❻ 거리나 방향을 표시하여 찾아가기 쉽게 해 놓은 표
　예) ㅇㅇㅇ는 운전자에게 훌륭한 길 안내자의 역할을 해요.
　🔵 길잡이 🟠 里程標

❽ 집 둘레를 막기 위하여 흙, 돌 따위로 쌓아 올린 것
　예) 우리 학교 ㅇㅇ에는 덩굴장미가 가득 피었어요.
　🔵 울타리

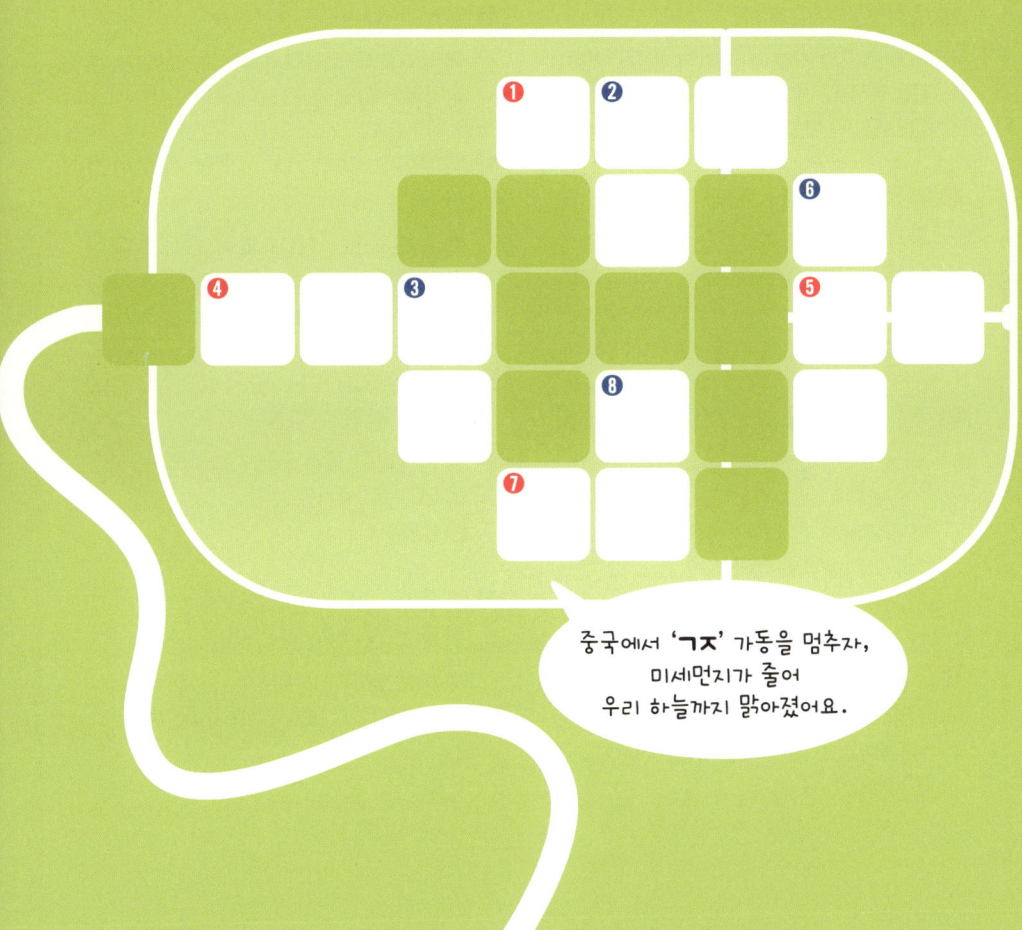

똑똑한 낱말퍼즐 사회 22

가로 열쇠

❷ 목적한 곳에 다다름
예) 비행기의 ㅇㅇ이 늦어져 많은 사람이 공항에서 세 시간이나 기다렸어요.
비) 도달 반) 출발 한) 到着

❹ 의상이나 제품, 작품, 건축물 등을 설계하거나 도안하는 일
예) ㅇㅇㅇ을 전문으로 하는 사람을 디자이너라고 해요.
비) 설계

❻ 연속 촬영한 필름을 연속적으로 스크린에 비추어 움직이는 영상으로 보이는 그림
예) 일요일에 친구들과 함께 극장에서 ㅇㅇ를 보기로 약속했어요.
비) 시네마 한) 映畵

❼ 사람에게 편리함을 주는 것을 상품으로 하여 판매하는 행위
예) 이 식당은 음식도 맛있고, ㅇㅇㅇ도 만점이에요.
비) 봉사

세로 열쇠

❶ 남자가 입는 간단한 예복
예) ㅇㅇㅇ를 멋지게 차려입은 신랑이 입장하였어요.

❸ 텔레비전 방송 프로그램을 시청하는 사람
예) 무한도전은 ㅇㅇㅇ들이 뽑은 최고의 인기 프로그램으로 선정되었어요.
비) 관객 한) 視聽者

❺ 사물의 모습이나 동작을 사진기나 촬영기 따위로 찍음
예) 사람들이 몰래 쓰레기를 버리는 모습을 CCTV로 ㅇㅇ했어요.
한) 撮影

❽ 강렬한 햇빛으로부터 눈을 보호하기 위해 쓰는 색깔 있는 안경
예) 더운 날씨에 자외선이 강해지면서 ㅇㅇㅇㅇ를 착용하는 사람들이 많아져요.
비) 색안경

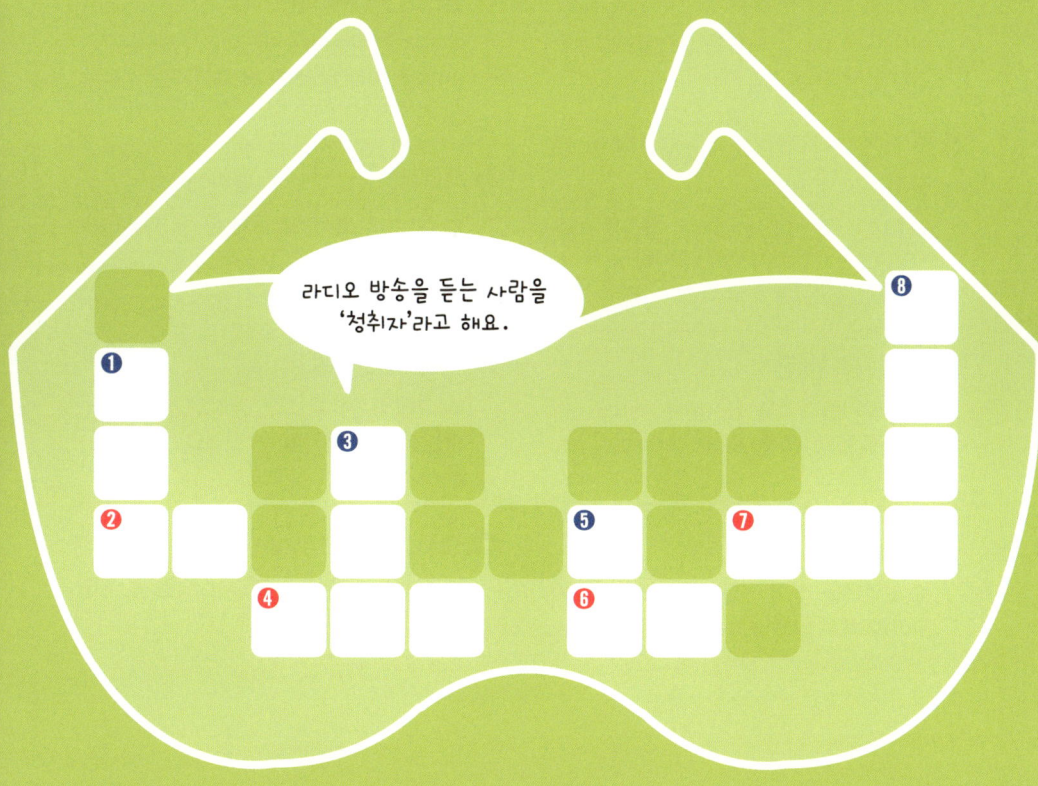

똑똑한 낱말퍼즐 사회 23

〉〉〉 가로 열쇠

❷ 국물을 흥건하게 하여 통무로 맛을 싱겁게 담근 무김치
  예) 시원한 ○○○ 국물에 냉면을 말아 먹으면 정말 맛있어요.

❹ 한 해를 스물넷으로 나눈, 기후의 표준점
  예) 24○○ 가운데 세 번째인 경칩은 겨울잠을 자던 개구리가 깨어나는 때야.
  비) 시령, 절후 한) 節氣

❺ 평온하고 화목함
  예) 비둘기는 ○○를 상징하는 새예요.
  비) 평온 반) 전쟁 한) 平和

❼ 가자미를 삭혀서 만든 함경도 고유의 젓갈
  예) 도루묵을 삭혀 만들면 도루묵식해, 가자미를 삭혀 만들면 ○○○○○가 돼요.

≽ 세로 열쇠

❶ 무청이 달린 총각무를 여러 가지 양념으로 버무려 담근 김치
  예) 배추김치보다는 아삭아삭 씹히는 맛이 일품인 ○○○○를 더 좋아해요.
  비) 열무김치

❸ 온 겨레가 즐기고 기념하는 날
  예) 설날, 추석, 단오, 한식은 우리나라의 4대 ○○○이에요.
  비) 명절날 한) 名節

❻ 벽에 그린 그림
  예) 고대의 ○○를 보면 당시에 살았던 사람들의 생활을 엿볼 수 있어요.
  한) 壁畫

❽ 갈조류 미역과의 한해살이 바닷말
  예) 우리나라에서는 생일이 되면 ○○국을 끓여 먹어요.

식혜는 마시는 음료이고, 'ㅅㅎ'는 생선으로 만든 젓갈이에요.

똑똑한 낱말퍼즐 사회 24

▶▶▶ 가로 열쇠

❶ 푹 삶은 콩을 띄워서 반쯤 찧다가 소금과 막 고춧가루를 넣어 만든 된장
  예) ○○○을 끓이면 고린내가 나지만 맛은 최고예요.
  비) 담북장 한) 淸麴醬

❹ 우리나라 명절의 하나. 정월 초하룻날
  [동요] 까치 까치 ○○은 어저께고요, 우리 우리 ○○은 오늘이래요.
  비) 구정

❺ 한약을 짓는 데 쓰는 재료
  예) 한약 냄새 가득한 경동약령시장은 전국 ○○○의 70%가 유통되는 곳이에요.
  한) 韓藥材

❼ 물품을 날라다 줌
  예) 배도 출출한데 자장면이나 한 그릇 ○○시켜 먹을까?
  비) 배포 한) 配達

▼ 세로 열쇠

❷ 국, 찌개 따위의 음식에서 건더기를 제외한 물
  예) 너무 배가 고파서 갈비탕을 ○○ 한 방울 남기지 않고 싹 비웠어요.
  비) 국

❸ 멥쌀가루를 하얗게 쪄낸 떡
  예) 티 없이 깨끗하고 신성한 음식이라는 뜻을 가진 ○○○는 백일이나 첫돌 잔치에 쓰여요.

❻ 농작물에 해로운 벌레, 병균, 잡초 따위를 없애거나 농작물이 잘 자라게 하는 약품
  예) 유기농 채소는 ○○을 치지 않고 기른 채소를 뜻해요.
  한) 農藥

❽ 봄에 분홍색 꽃이 잎보다 먼저 가지 끝에 피는 식물
  예) ○○○와 닮은 철쭉에는 독성이 있어서 먹으면 안 돼요.
  비) 참꽃, 두견화

'ㅅㄴ' 하는 윷놀이에서 도는 돼지, 개는 개, 걸은 양, 윷은 소, 모는 말을 상징하며, 옛 농경사회의 모습을 찾을 수 있어요.

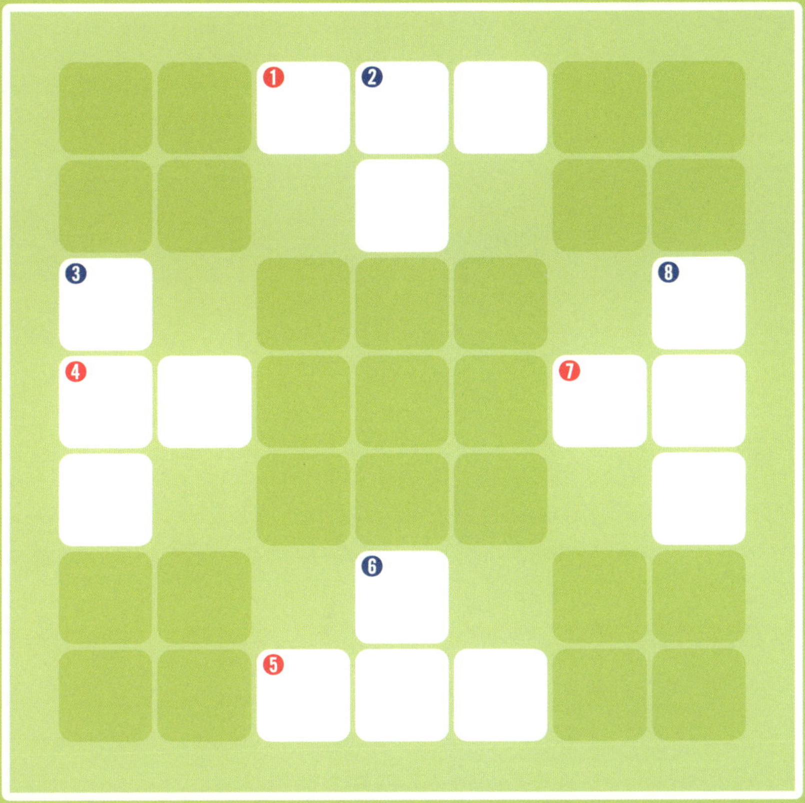

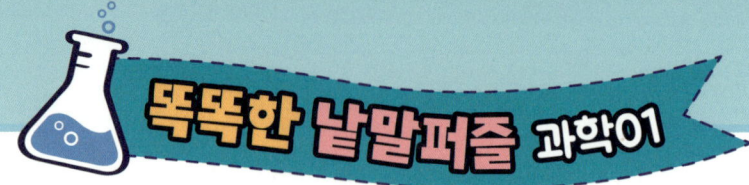

똑똑한 낱말퍼즐 과학01

〉〉〉 가로 열쇠

❷ 위쪽에 고무 주머니가 달린 유리관
예) 액체를 옮길 때 ○○○○를 사용하면 편리해요.

❹ 시험관이 쓰러지지 않도록 고정해 주는 틀
예) 오늘 사용했던 시험관을 모두 ○○○○에 꽂아 정리해 주세요.
한) 試驗管臺

≫ 세로 열쇠

❶ 목이 길고 몸은 둥글게 만든 실험용 유리 기구
예) 삼각○○○○ 겉면에는 눈금이 표시되어 있어 부피를 측정할 수 있어요.

❸ 위험하거나 사고가 날 염려가 없음
예) 차가 출발하기 전에는 ○○벨트를 매었는지 꼭 확인해야 해요.
비) 평안 반) 불안 한) 安全

❺ 실제로 해 봄
예) 에디슨은 덜컹거리는 기차 안에서 ○○을 하다가 그만 불을 내고 말았어요.
비) 시험 한) 實驗

❻ 쇠를 끌어당기는 힘을 가진 물체
예) 바늘을 잃어버렸을 때는 ○○을 이용해서 찾아요.
비) 지남석 한) 磁石

❼ 지켜야 하는 규칙
예) 과학실에서 실험할 때는 반드시 안전 ○○을 지켜야 해요.

❽ 작은 것을 크게 보이도록 하는 손잡이가 달린 볼록 렌즈
예) ○○○로 개미를 보니 커다랗게 확대되어 대왕 개미가 되었다.
비) 확대경

'ㅅㅎㄱㄷ'는 바닥이 둥근 시험관을 꽂아 정리가 쉽고, 서로 비교하기도 좋아요.

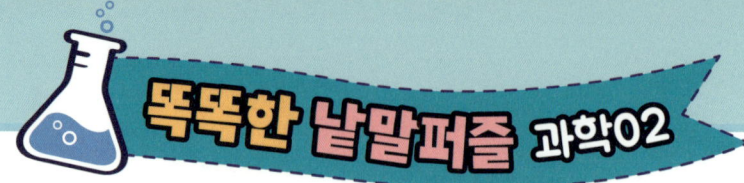

똑똑한 낱말퍼즐 과학02

>>> 가로 열쇠

❶ 늘어나거나 줄어드는 탄력이 있는 나선형의 쇠줄
예) ○○○의 길이는 그것을 잡아당기는 힘의 크기에 비례하여 늘어나요.
㉠ 龍鬚鐵

❸ 균형을 맞추어 물체들을 공중에 매달아 바람에 흔들리게 한 것
예) 엄마는 아기가 볼 수 있도록 천장에 ○○을 매달아 놓았어요.
㉑ 흔들개비

❺ 벌레를 통틀어 일컫는 말
예) ○○의 다리는 여섯 개, 몸은 세 부분으로 나뉘어 있어요.
㉑ 벌레 ㉠ 昆蟲

❼ 맛, 냄새, 빛깔이 없으며 생물이 숨쉬는 데 필요한 기체 원소
예) 사람은 들숨으로 ○○를 들이마시고, 날숨으로 이산화탄소를 내뱉어요.

❽ 액체를 뿜어내는 기구
예) 물은 매일 주지 말고 2~3일에 한 번씩 ○○○로 뿌려 주는 것이 좋아요.
㉑ 뿜이개 ㉠ 噴霧器

≽ 세로 열쇠

❷ 어느 한쪽으로 기울지 않고 평평한 상태
예) 몸무게가 다른 사람이 시소에 앉아 ○○을 잡으려면 어떻게 해야 할까요?
㉑ 평형 ㉑ 수직 ㉠ 水平

❹ 닭이나 날짐승의 먹이
예) 병아리들은 어미 닭을 따라 ○○를 쪼아 먹어요.
㉑ 사료

❻ 물체에 급격히 가하여지는 힘
예) 특수 고무는 발이 받는 ○○을 줄여 줄 뿐 아니라 미끄러짐을 막아 줘요.
㉑ 타격 ㉠ 衝擊

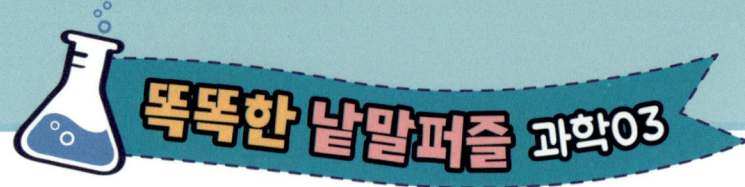

똑똑한 낱말퍼즐 과학03

〉〉〉 가로 열쇠

❷ 간단하고 편리함
　예) 폐쇄 위기에 놓였던 ○○역을 관광지로 바꾼 고양이 역장 '다마'를 아시나요?
　비) 간단　한) 簡易

❸ 장치나 설비 따위를 갖추어 차림
　예) 최첨단 ○○인 열화상 카메라로 고열 환자를 찾아낼 수 있어요.
　한) 裝備

❺ 물고기 배 속에 있는 공기주머니로 물고기를 뜨고 잠기게 함
　예) 부레옥잠의 잎자루에는 물고기의 ○○와 같은 공기주머니가 있어요.

❻ 동력을 사용하여 사람이나 화물을 아래위로 나르는 장치
　예) 아파트 ○○○가 고장이 나서 9층까지 걸어 올라갔어요.
　비) 엘리베이터　한) 昇降機

❽ 고무나무의 껍질에서 흘러나오는 액체로 만든 물질
　예) 얇은 ○○ 주머니 속에 공기를 넣어 공중으로 뜨게 만든 물건이 풍선이야.

≽ 세로 열쇠

❶ 비어 있어 아무것도 없는 곳
　예) 얼음이 녹았을 때 용기 속에 빈 ○○이 생긴 까닭은 무엇일까요?
　비) 공백　한) 空間

❹ 비닐수지나 비닐섬유를 이용하여 만든 제품
　예) 겨울에는 ○○하우스에서 채소를 재배해요.

❼ 일정한 모양과 부피가 없는 물질
　예) 컵은 고체, 물은 액체, 공기는 ○○랍니다.
　비) 김　한) 氣體

가로 열쇠

❶ 대기 중에서 일어나는 여러 가지 현상
  예) 날씨가 돌변하여 옛날에 없었던 일이 일어나는 상태를 ○○이변이라고 해요.
  비) 일기 한) 氣象

❸ 물 위나 물속, 공기 중에 떠다니는 물질
  예) 인공으로 만든 학교 연못은 ○○○이 많아 탁해 보였어요.
  한) 浮遊物

❺ 손이나 채로 두드려서 소리 내는 악기를 통틀어 이르는 말
  예) '꽹과리, 장구, 북, 징'은 사물놀이에 주로 쓰이는 대표적인 ○○○예요.
  한) 打樂器

❼ 강의 위쪽 부분
  예) 강의 ○○에는 커다란 바위나 모난 돌이 많이 보여요.
  한) 上流

❽ 강의 아래쪽 부분
  예) 강의 ○○에는 고운 흙이나 모래가 많이 있어요.
  한) 下流

세로 열쇠

❷ 영국의 기네스라는 맥주 회사에서 매년 발행하는, 세계 최고 기록만을 모은 책
  예) 8시간 안에 28,233명과 악수를 한 강호동은 연예인 최초로 ○○○○에 올랐어요.

❹ 물이나 공기의 저항을 가장 적게 하려고 곡선으로 만든 꼴
  예) 물고기 대부분은 몸이 ○○○이고 비늘로 덮여 있어요.
  비) 기류형 한) 流線型

❻ 관에 입으로 공기를 불어 넣어서 소리 내는 악기를 통틀어 이르는 말
  예) 트럼펫과 같이 쇠붙이로 만든 ○○○를 금관악기라고 해요.
  비) 취악기 한) 管樂器

114

월 일

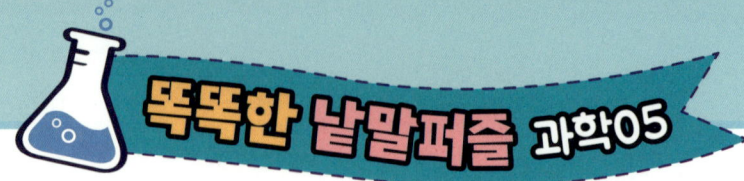

똑똑한 낱말퍼즐 과학05

>>> 가로 열쇠

❶ 핫도그 모양의 열매를 맺는 수생식물
   예) 잎이 부들부들하다고 하여 ○○○이라는 이름이 붙여졌대요.
   비) 향포

❸ 여러 가지 나무와 풀을 모아 기르는 곳
   예) 천리포 ○○○은 아시아에서 최초로 세계의 아름다운 ○○○으로 선정되었어요.
   한) 樹木園

❺ 잎의 끝부분이 긴 물병 모양의 주머니로 되어 있는 식충식물
   예) ○○○○○○은 벌레가 주머니에 빠지면 소화하여 양분을 보충해요.
   비) 벌레잡이풀, 네펜테스

❼ 습기가 많은 축축한 땅
   예) 벌레잡이 식물은 대표적인 ○○식물이에요.
   비) 늪 한) 濕地

≽ 세로 열쇠

❷ 잎자루 가운데가 공처럼 부풀어 물고기의 부레처럼 물에 뜨는 식물
   예) ○○○○의 잎자루에는 공기주머니가 있어 물에 떠서 살 수 있어요.

❹ 뿌리는 물속에 있고 잎과 꽃은 물 위에 나와 있는 수생 식물
   예) ○○은 밤이 되면 꽃을 오므리기에 잠자는 연꽃이라고 불러요.
   한) 睡蓮

❻ 소나무 줄기에 솔잎이 난 모양처럼 생긴 이끼
   예) ○○○와 우산이끼는 그늘지고 습한 곳에서 살아요.

❽ 파리를 잡아먹는 식충식물
   예) ○○○○은 잎 주변의 가시를 이용하여 벌레를 잡아먹어요.
   비) 파리지옥풀

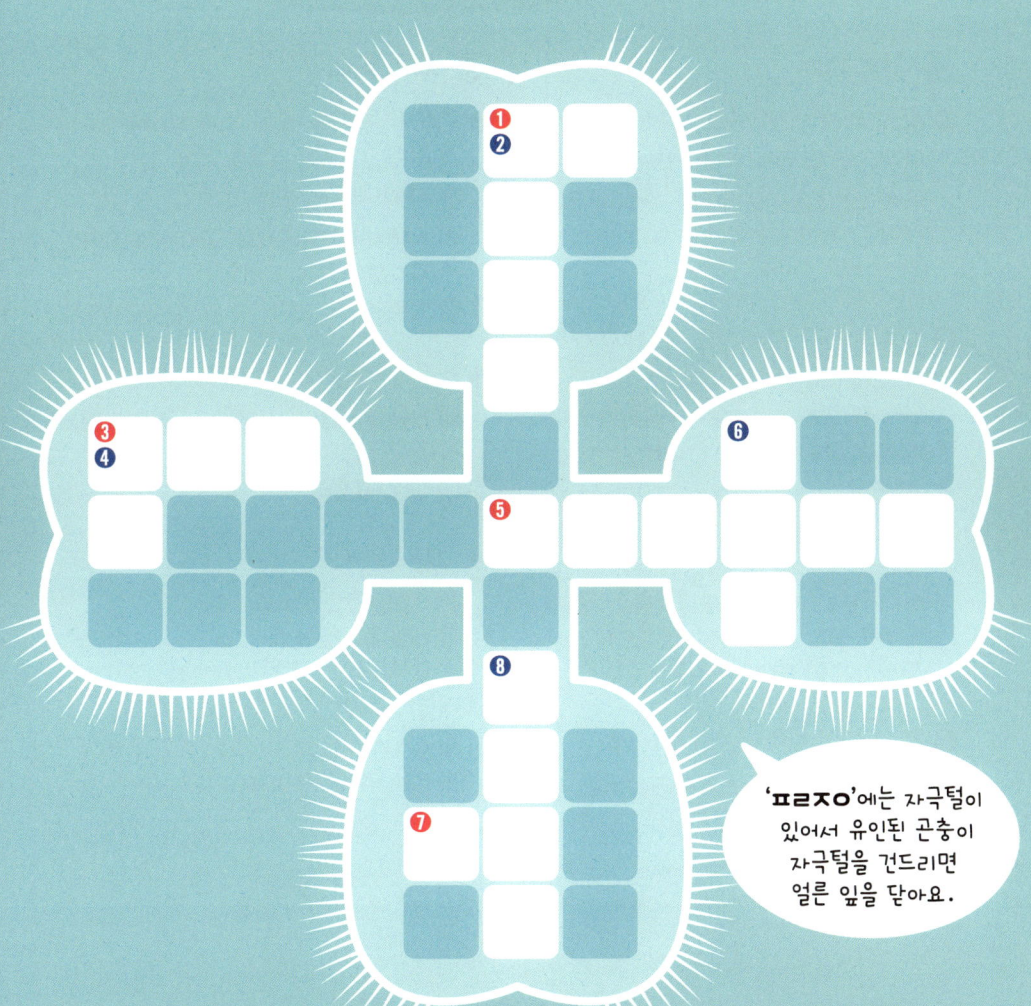

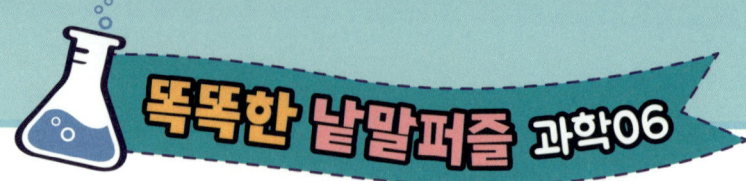

똑똑한 낱말퍼즐 과학06

▶▶▶ 가로 열쇠

① 쥐와 비슷하게 생겼으나 앞다리가 날개처럼 변형되어 날아다니는 동물
   예) 밤에만 활동하는 쥐라는 뜻의 밤쥐가 변해서 ○○가 되었대요.
   비) 집박쥐

③ 갈색의 몸에 흰 꼬리를 가진 독수리 (천연기념물 제243호)
   예) ○○○○○는 한국에서 겨울을 지내다가 봄에 날아가는 겨울 철새예요.

⑤ 동물의 알 속에서 새끼가 껍데기를 깨고 밖으로 나옴
   예) 여러분은 에디슨처럼 달걀을 ○○시키기 위해 직접 품어본 적이 있나요?
   비) 알까기 만) 孵化

⑦ 일 년 내내 한곳에 머무르는 새
   예) 참새, 까치, 박새는 주위에서 쉽게 볼 수 있는 ○○예요.
   비) 유조 만) 철새

▼ 세로 열쇠

② 동물의 가죽을 곱게 벗겨 솜 따위로 속을 메우고, 방부제를 발라 살아 있을 때와 똑같이 만드는 것
   예) 자연사박물관에 가면 ○○된 아프리카 사자를 만날 수 있어요.
   만) 剝製

④ 생물이 태어나서 죽을 때까지의 기간
   예) 식물은 동물보다 ○○이 긴 경우가 많아요.
   비) 생명 만) 壽命

⑥ 매실나무의 꽃
   예) ○○도 한철 국화도 한철.
   비) 매실나무 만) 梅花

⑧ 계절에 따라 사는 곳을 옮기는 새
   예) ○○가 이동하는 까닭은 더위나 추위를 피해 먹이를 구하고 새끼도 치기 위해서예요.
   비) 후조

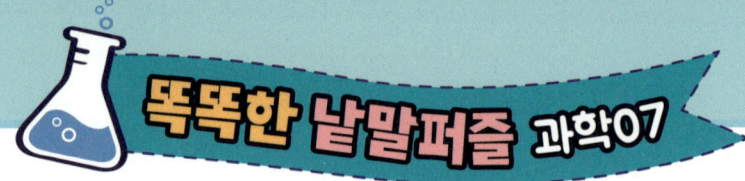

똑똑한 낱말퍼즐 과학07

》》》 가로 열쇠

❶ 동식물이 보금자리를 만들어 사는 장소
예) 대나무 숲은 판다의 ○○○예요.
한 棲息地

❸ 등 쪽에 금빛 줄무늬가 있는 개구리 (멸종 위기 야생동물 2급)
예) ○○○○는 암수 모두 울음주머니가 없는 것이 특징이에요.
비 금선와, 금줄 개구리

❺ 지구의 기온이 높아지는 현상
예) 지구 ○○○로 인해 봄과 가을이 짧아지는 기상 현상이 나타나고 있어요.
한 溫暖化

❽ 수영을 잘하며 네 발에 물갈퀴가 있어 헤엄을 잘 침(천연기념물 제330호)
예) ○○은 강과 같은 민물에서, 해달은 바다와 같은 바닷물에서 살아요.
비 수구

《 세로 열쇠

❷ 사람이 살고 있는 땅덩어리
예) 수성, 금성, ○○, 화성, 목성, 토성은 태양 주위를 도는 주요 행성이에요.
비 땅덩이 한 地球

❹ 떡갈나무, 갈참나무, 졸참나무의 열매를 통틀어 이르는 말
예) 다람쥐의 겨울 양식입니다. ○○○를 주워 가지 마세요.

❻ 본디 그 지역에서 나는 동물이나 식물의 종자
예) 삽살개는 오래전부터 우리나라에서 널리 길러오던 ○○개야.
비 재래종 반 개량종

❼ 냇가나 연못의 물 위에 무리 지어 사는 곤충
예) ○○○○가 물 위를 미끄러지듯 걸어 다닐 수 있는 건 다리에 난 기름기 있는 털 때문이야.

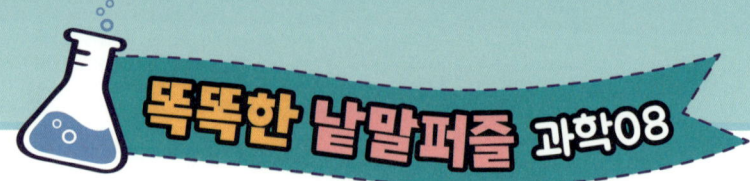

가로 열쇠

❷ 죽지 않고 살아 있음
   예) 토종이 외래종과의 ○○ 경쟁에서 밀려 점점 사라지고 있어요.
   비) 존재 반) 사망 한) 生存

❺ 동물이나 식물이 나서 살아온 해의 수
   예) 이 나무의 ○○은 얼마나 될까?
   비) 나이 한) 年齡

❻ 동물의 그림이나 사진을 모아 실물 대신 볼 수 있도록 엮은 책
   예) 동물에 대해 알고 싶을 때는 ○○○○, 식물은 식물도감을 찾아보세요.
   비) 동물지

세로 열쇠

❶ 산이나 들에서 저절로 나서 자라는 동식물
   예) 수달은 '멸종 위기 ○○동물 1급'으로 지정하여 보호하고 있어요.
   한) 野生

❸ 나무에서 나무로 날아다니며 사는 다람쥐(천연기념물 제328호)
   예) ○○○○○는 앞발과 뒷발 사이에 피부가 늘어져서 된 껍질막이 있어 하늘을 날 수 있어요.

❹ 사람의 힘을 가하지 않은 상태
   예) 물은 인간에게 가장 소중한 ○○자원이에요.
   비) 자연 반) 인조 한) 天然

❼ 이미 아는 사실을 근거로 아직 모르는 사실을 미루어 알아냄
   예) 국립과학수사연구원에서는 여러 증거를 찾아 과학적으로 ○○하는 일을 해요.
   비) 추측 한) 推理

❽ 가슴지느러미가 새의 날개처럼 발달한 물고기
   예) 적이 쫓아오면 ○○는 가슴지느러미를 펴고 물 위를 날아 도망쳐요.
   비) 비어

122

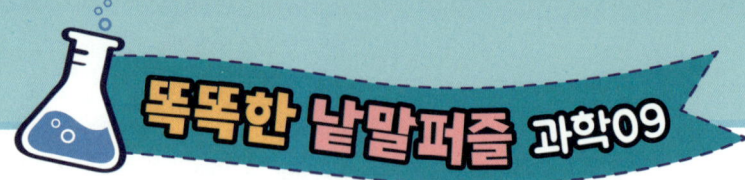

가로 열쇠

❷ 무궁화 나무의 꽃. 우리나라의 국화
예) ㅇㅇㅇ 꽃이 피었습니다.
한 無窮花

❺ 몸치장에 쓰이는 귀하고 값진 돌
예) 다이아몬드, 루비, 사파이어를 ㅇㅇ이라고 해요.
비 보옥 한 寶石

❼ 벚꽃이 피는 나무
예) 버찌는 ㅇㅇㅇ의 열매예요.
비 산앵

세로 열쇠

❶ 잎이나 가지를 꺾으면 생강 냄새가 나는 나무
예) ㅇㅇㅇㅇ는 이른 봄에 산수유꽃을 닮은 노란 꽃을 피워요.
비 새양나무

❸ 가을을 상징하는 대표적인 꽃
예) 매화는 봄, 난초는 여름, ㅇㅇ는 가을, 대나무는 겨울을 상징하는 식물이에요.
비 감국 한 菊花

❹ 줄기가 곧고 마디가 있으며 속이 빈 나무
예) 대금은 ㅇㅇㅇ로 만든 우리나라 전통 악기예요.

❻ 눈을 보호하기 위하여 쓰는 안경
예) 과학 실험을 할 때는 꼭 ㅇㅇㅇ을 써야 해요.
한 保眼鏡

❽ 쥐똥처럼 생긴 까만 열매가 열리는 나무
예) ㅇㅇㅇㅇ의 열매가 흑진주를 닮았다 하여 검정알나무라고도 불려요.

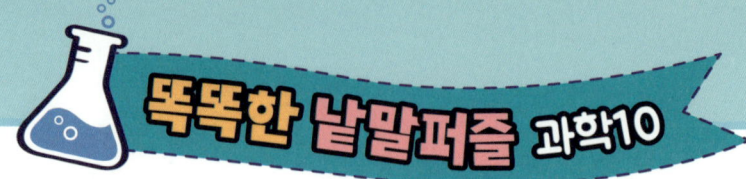

똑똑한 낱말퍼즐 과학 10

▶▶▶ 가로 열쇠

① 몸이 여러 개의 마디로 되어 있는 작은 벌레
예) 위험을 느끼면 몸을 공처럼 둥글게 마는 ○○○는 콩벌레라고도 불러요.

② 수컷의 아래턱이 크게 발달하여 사슴의 뿔처럼 보이는 벌레
예) 장수풍뎅이와 ○○○○가 싸우면 누가 이길까요?
비) 하늘 가재

④ 물 따위가 속까지 훤히 비치도록 맑음
예) 유리창은 ○○해서 바깥 풍경이 다 보여요.
반) 불투명 한) 透明

⑥ 보통의 하늘소보다 배 이상 큰 하늘소(천연기념물 제218호)
예) 딱정벌레류 중 가장 몸집이 큰 ○○○○○는 산림을 해치는 곤충이에요.

⑧ 혈액 속의 찌꺼기를 걸러내고 오줌을 만드는 배설 기관
예) 팥처럼 붉은색을 띤 강낭콩 모양의 ○○은 등허리 쪽에 좌우 한 쌍이 있어요.
비) 신장

≫ 세로 열쇠

③ 알에서 깨어나 번데기가 되기 전까지의 벌레
예) 모기 ○○○를 장구벌레라고 해요.
비) 유충 반) 성충

⑤ 가슴 안 양쪽에 있는 호흡 기관
예) ○○에 바람이 들었나, 왜 그렇게 실실 웃어?
비) 폐

⑦ 몸집이 매우 굵고 뚱뚱한 풍뎅이. 수컷의 머리에 긴 뿔이 나 있음
예) ○○○○○는 힘이 매우 강해서 자신의 몸무게보다 50배가 넘는 물건도 들수 있대요.
비) 투구 풍뎅이, 투구벌레

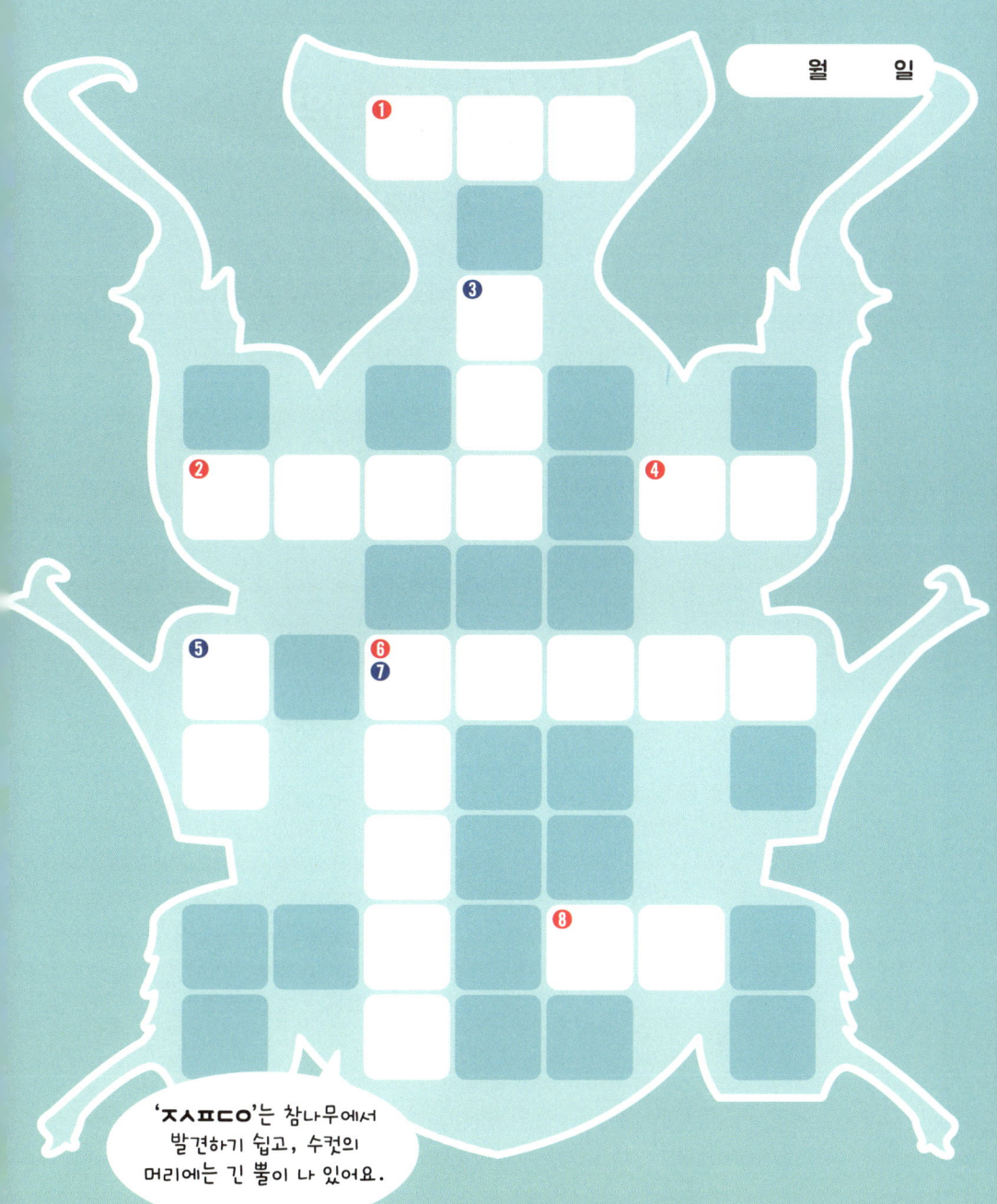

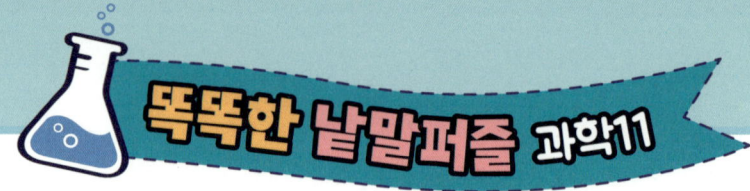

똑똑한 낱말퍼즐 과학11

🠞 가로 열쇠

❶ 생물이 서로 영향을 주고받으며 살아가는 것
  예) 과학자들은 지구 온난화로 인해 자연 ㅇㅇㅇ뿐 아니라 인간 사회도 파괴될 것이라고 경고했어요.
  안) 生態界

❸ 파충류, 곤충류 따위가 자라면서 벗는 껍질
  예) 배추흰나비 애벌레는 네 번 ㅇㅇ을 벗으며 3cm 정도 자랍니다.
  비) 껍데기

❼ 다 자란 곤충
  예) 애벌레는 유충, 어른벌레는 ㅇㅇㅇ이라고 해요.
  비) 어미벌레 반) 유충 안) 成蟲

⌄ 세로 열쇠

❷ 생명이 있는 모든 동물과 식물
  예) 호랑이와 소나무는 ㅇㅇ이고, 돌과 흙은 무생물이에요.
  비) 생명체 반) 무생물 안) 生物

❹ 곤충이 세상에 태어나서 죽을 때까지의 동안
  예) 배추흰나비의 ㅇㅇㅇ는 '알→애벌레→번데기→성충'의 단계를 거쳐요.

❺ 애벌레가 완전한 곤충으로 자라기 전에 고치에 들어가 있는 것
  예) ㅇㅇㅇ 앞에서 주름잡지 마라.

❻ 누에가 실을 토하여 제 몸을 싸서 만든 둥근 집
  예) ㅇㅇㅇㅇ에서 뽑은 실이 명주실이에요.

❽ 인간의 생활에 해를 끼치는 벌레를 통틀어 이르는 말
  예) 참실잠자리는 파리와 모기 같은 ㅇㅇ을 잡아먹는 익충이에요.
  비) 유해곤충 반) 익충 안) 害蟲

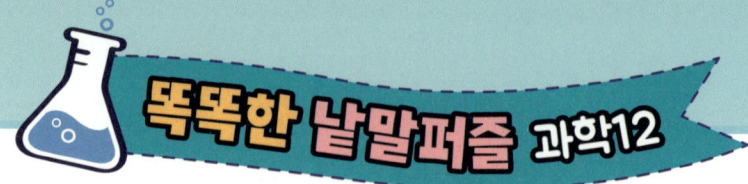

똑똑한 낱말퍼즐 과학12

>>> 가로 열쇠

❷ 곱고 보드라운 털
  예) ○○이 보송보송한 노란 병아리들이 엄마 닭을 졸졸 따라다녀요.
  비) 솜 터럭

❹ 몸의 빛깔을 주위와 비슷하게 만드는 색
  예) 카멜레온은 사는 장소에 따라 몸의 색깔을 바꾸는 ○○○의 대가예요.
  만) 保護色

❺ 빛이 한 곳에 모이는 점
  예) 쌍안경을 들어 올린 다음에 사물이 선명하게 보이도록 ○○을 맞춥니다.
  비) 중점 만) 焦點

❼ 중국이나 몽골의 사막에 있는 모래 먼지가 바람을 타고 멀리 날아가는 현상
  예) ○○와 미세먼지는 주로 봄철에 우리나라를 찾아오는 불청객이에요.
  만) 黃砂

≽ 세로 열쇠

❶ 씨방의 끝에 붙은 솜털
  예) 민들레 씨앗은 바람에 날리기 좋게 씨앗마다 하얀 ○○이 달려 있어요.
  비) 관모

❸ 세 가지 기본적인 색깔
  예) 빨강, 파랑, 노랑을 색의 ○○○이라고 해요.
  비) 삼색 만) 三原色

❻ 낱낱이 검사함
  예) 매월 4일은 안전 ○○의 날입니다.
  비) 검열 만) 點檢

❽ 짐승을 먹여 기름
  예) 좁은 공간에서도 ○○이 가능한 애완용 곤충이 아이들에게 인기예요.
  만) 飼育

똑똑한 낱말퍼즐 과학13

>>> 가로 열쇠

❶ 사람의 힘을 더하지 않고 저절로 된 것
　예) 태풍, 홍수, 지진 등의 ○○재해는 사람들의 생명과 안전을 위협해요.
　비) 천연 반) 인공

❸ 동물의 털에서 얻는 섬유
　예) ○○○는 주로 양, 토끼, 알파카의 털에서 얻어요.
　한) 毛纖維

❺ 물체를 만드는 재료
　예) 가죽, 나무, 플라스틱, 금속, 고무, 섬유 등을 ○○이라고 해요.
　한) 物質

❽ 땅속 마그마가 땅 밖으로 터져 나와 이루어진 산
　예) 남쪽의 한라산과 북쪽의 백두산은 ○○ 폭발로 만들어진 산이에요.
　한) 火山

≽ 세로 열쇠

❷ 제힘으로 스스로 움직임
　예) 단추만 누르면 세탁에서 건조까지 ○○으로 해 주는 편리한 세탁기.
　반) 수동 한) 自動

❹ 누에고치에서 뽑은 섬유
　예) 천연섬유 중에서 가장 가늘고 길며 광택이 나는 섬유는 ○○○예요.
　한) 絹纖維

❻ 모양이 있고 공간을 차지하고 있는 것
　예) 우리 주위에 있는 옷, 신발, 필통, 연필 등을 ○○라고 해요.
　비) 물건 한) 物體

❼ 열매에서 솜을 얻는 풀 이름
　[속담] '꽃은 ○○가 제일이다.'처럼 실속이 중요해요.
　비) 면화 한) 木花

'ㅁㅎ'는 문익점이 원나라에서 목화씨를 붓통에 넣어 가지고 와 재배를 시작했어요.

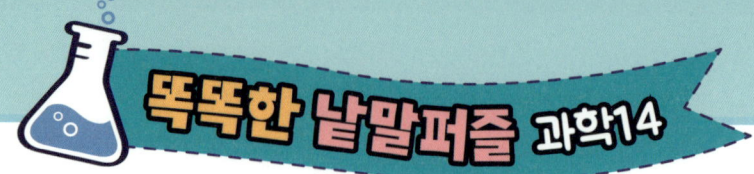

똑똑한 낱말퍼즐 과학14

》》》 가로 열쇠

❶ 맑은 개울에 사는 도마뱀과 비슷하게 생긴 양서류
예) 개구리 알은 동그랗지만, ○○○알은 똬리를 튼 뱀 같아요.
비) 산초어

❸ 움직이는 영상
예) 학원보다 EBS ○○○ 강의를 들으며 공부하는 게 더 재밌어요.
비) 동화상 만) 動映像

❹ 물에 사는 곤충 가운데 가장 크고 힘이 센 곤충
예) ○○○은 앞다리에 있는 낫 모양의 큰 발톱으로 물속의 동물을 잡아먹어요.

❻ 높이가 600m 이상으로 높고 한랭한 지방
예) 여름에도 기온이 서늘한 강원도 산간 지역은 ○○○ 농업을 하기에 알맞은 곳이에요.
만) 高冷地

≫ 세로 열쇠

❷ 구리와 주석을 주성분으로 한 합금
예) 석기시대와 철기시대의 중간 시대를 ○○기시대라고 해요
비) 갈동 만) 靑銅

❺ 몸은 납작하고 몸길이는 2cm쯤 되는 물에 사는 곤충
예) ○○○의 암컷은 수컷의 등에 알을 낳아요.
비) 알지게

❼ 물고기의 등과 배 양쪽과 꼬리에 달린 날개 같은 부분
예) 물고기는 ○○○○를 움직여서 헤엄을 쳐요.

❽ 동식물에 들어 있는 보통 온도에서 고체 상태인 기름기
예) 우유에서 ○○을 분리하여 만든 것이 생크림과 버터예요.
비) 기름 만) 脂肪

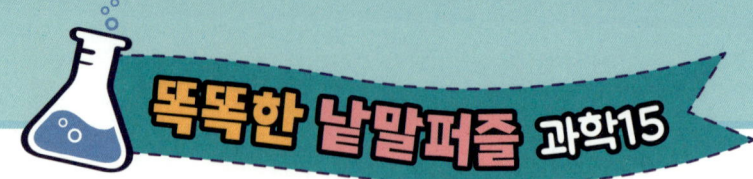

똑똑한 낱말퍼즐 과학15

▶▶▶ 가로 열쇠

❶ 외부의 물질을 안으로 빨아들임
  예) 식물 대부분은 뿌리로 물과 양분을 ㅇㅇ해요.
  비) 흡입 반) 배출 한) 吸收

❺ 휴대하기 간편한 크기로 만든 작은 확대경
  예) 맨눈으로 보기 어려운 아주 작은 동물을 관찰할 때는 돋보기나 ㅇㅇ를 사용하면 편리해요.

❼ 석유, 석탄, 천연가스를 원료로 하여 합성한 섬유
  예) 나일론, 폴리에스터, 아크릴은 ㅇㅇㅇㅇ예요.
  비) 인조섬유 반) 천연섬유 한) 合成纖維

≫ 세로 열쇠

❷ 특별히 다른
  예) 비밀번호에 '#, $, *'와 같은 ㅇㅇ 문자를 넣도록 한 이유를 아시나요?
  비) 특이 반) 보통 한) 特殊

❸ 빛의 스펙트럼에서 가시광선의 보라색 바깥쪽에 있는 빛
  예) 적외선은 지구를 따뜻하게 하고, ㅇㅇㅇ은 우리 몸에 비타민D를 공급해 줘요.
  비) 유브이 한) 紫外線

❹ 어둡고 습기 찬 곳에서 자라는 균
  예) 어디에서나 쉽게 번식하는 ㅇㅇㅇ는 대부분 사람에게 해를 끼쳐요.

❻ 폴리에틸렌 테레프탈레이트(PET)를 재료로 만든 병
  예) 물이나 음료수를 담는 ㅇㅇㅇ은 가볍고 잘 깨지지 않는 특성이 있어요.

❽ 옛날에 살았던 동물이 땅속에 묻혀 기름으로 변한 것
  예) 사우디아라비아는 세계 1위의 ㅇㅇ 생산국이에요.
  비) 등유 한) 石油

월   일

'페트'는 가볍고 깨지지 않아 안전하여 식품 용기로 많이 쓰여요.

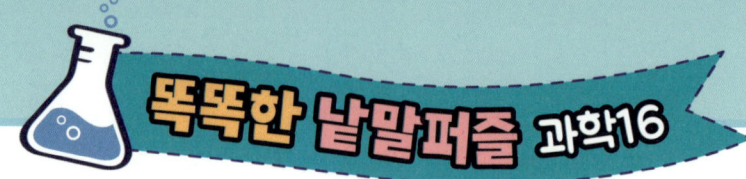

〉〉〉 가로 열쇠

❶ 공중으로 날아 흩어지기 쉬운 기름
  예) 자동차를 움직이기 위해서는 액체인 ○○○나 경유가 필요해요.

❸ 약속된 숫자와 기호로 날씨를 알려 주는 지도
  예) ○○○에는 풍향과 풍속, 저기압과 고기압 같은 기상 요소들이 기호로 표시되어 있어요.
  한) 日氣圖

❹ 바닷물이 갑자기 크게 일어나 육지로 넘쳐 들어오는 것
  예) '쓰나미'는 ○○의 일본어예요.
  비) 양일 한) 海溢

❻ 지구의 남쪽 끝
  예) 새카만 턱시도를 차려입고 뒤뚱뒤뚱 걸어 다니는 펭귄은 ○○의 신사예요.
  한) 南極

❽ 탄소의 결정체로 지구상에서 가장 단단한 물체
  예) 연필심에 쓰이는 흑연, 연료로 쓰이는 숯, 가장 비싼 보석 ○○○○○는 모두 탄소로 이루어져 있어요.
  비) 금강석

⋙ 세로 열쇠

❷ 땅속이나 바닷속에 묻혀 있는 천연 그대로의 석유
  예) 배럴은 ○○의 부피를 나타낼 때 사용하는 단위예요.
  한) 原油

❺ 달이 지구와 태양 사이에 들어 태양을 가리는 현상
  예) 월식은 '태양-지구-달'이 ○○은 '태양-달-지구'가 일직선이 될 때 생겨요.
  한) 日蝕

❼ 지구의 북쪽 끝
  예) 남극과 ○○ 중 더 추운 곳은 어디일까요?
  한) 北極

똑똑한 낱말퍼즐 과학17

>>> 가로 열쇠

❶ 지구의 암석과 지층 등을 연구하는 학문
예) ○○○ 연구를 통해 지구를 구성하는 물질, 형성되는 과정, 살았던 생물 등을 알 수 있어요.
🅑 지구학 🅐 地質學

❸ 모래가 굳어져 만들어진 암석
예) ○○은 이암보다 단단하고 만지면 까칠까칠해요.
🅐 砂巖

❹ 자갈, 모래, 진흙 등이 쌓여 층을 이루고 있는 것
예) 채석강에 가면 시루떡처럼 보이는 ○○을 볼 수 있어요.
🅑 땅켜 🅐 地層

❻ 진흙이 굳어 이루어진 암석
예) ○○은 진흙으로 되어 있어 손톱으로 긁어도 잘 긁혀요.
🅑 진흙바위 🅐 泥巖

❽ 지층이 휘어진 것
예) 물결 모양의 ○○은 할머니의 주름살을 닮았어요.
🅑 습벽 🅐 褶曲

≫ 세로 열쇠

❷ 퇴적물이 굳어져 만들어진 암석
예) ○○○에는 이암, 사암, 역암 등이 있어요.
🅑 침적암 🅐 堆積巖

❺ 지층이 끊어져 어긋난 것
예) ○○ 활동이 잦으면 지진이나 화산이 자주 발생한대요.
🅐 斷層

❼ 자갈, 모래, 진흙 등이 굳어져 만들어진 암석
예) ○○의 '역'은 '조약돌 역'으로 조약돌이 퇴적된 바위라는 뜻이에요.
🅑 자갈돌 🅐 礫巖

월 일

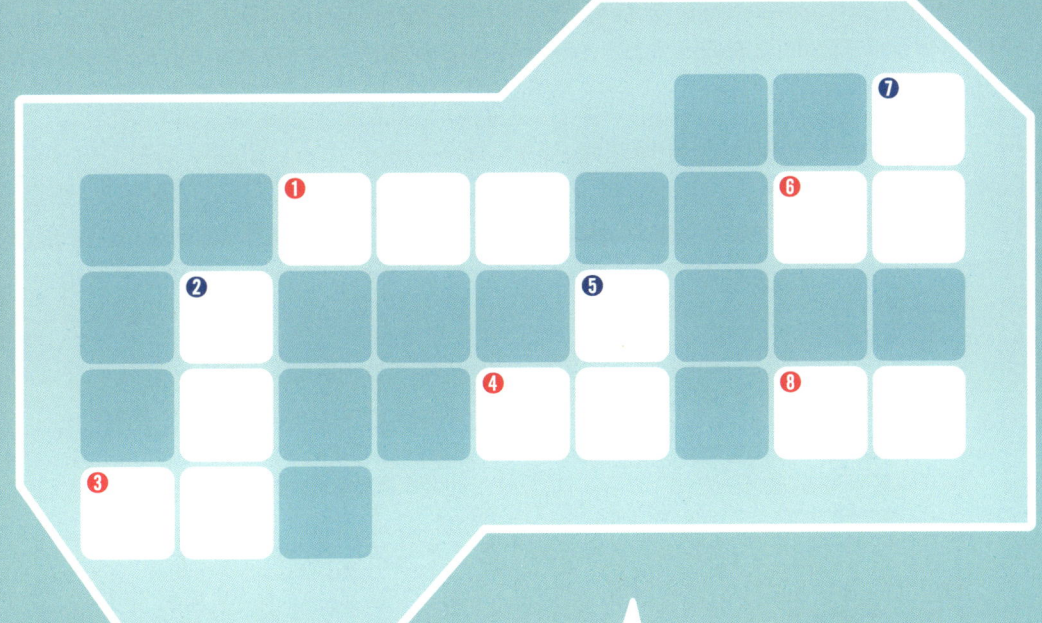

'단층'은 잡아당기거나 미는 힘에 의해 지각이 두 개의 조각으로 끊어져 어긋난 거예요.

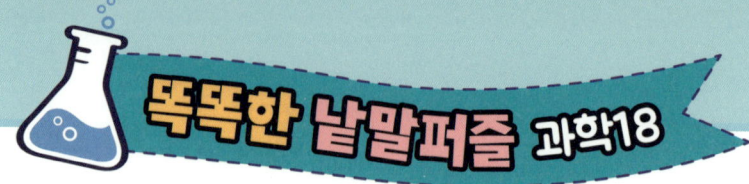

똑똑한 낱말퍼즐 과학 18

>>> 가로 열쇠

❷ 식물이 빛에너지를 이용해 이산화탄소와 물로 양분을 만드는 것
  예) 그늘진 곳에서는 햇빛이 부족하여 ㅇㅇㅇ이 잘 일어나지 않아요.
  한) 光合成

❹ 현미경으로나 볼 수 있는 아주 작은 생물
  예) 스스로 양분을 만드는 식물을 생산자, 세균이나 곰팡이 같은 ㅇㅇㅇ을 분해자라고 해요.
  한) 微生物

❻ 사물에 관하여 아는 것
  예) 책을 통해 간접 ㅇㅇ을 쌓으면 삶의 지혜를 배울 수 있어요.
  비) 학식 한) 知識

❽ 자연환경을 오염하지 않고 자연 그대로의 환경과 잘 어울리는 일
  예) 리튬 전지는 오염 물질을 적게 배출하는 ㅇㅇㅇ 전기 자동차에 사용됩니다.
  비) 환경친화

≫ 세로 열쇠

❶ 애벌레 시절을 배추에서 나는 날개가 흰 나비
  예) 배추벌레는 ㅇㅇㅇㅇㅇ의 애벌레예요.
  비) 흰나비

❸ 큰곰자리의 꼬리에 해당하는 일곱 개의 별
  예) 국자 모양으로 생겨 맨눈으로 볼 수 있는 ㅇㅇㅇㅇ은 일 년 내내 볼 수 있는 별자리예요.
  한) 北斗七星

❺ 등뼈가 있는 동물
  예) ㅇㅇㅇㅇ에는 포유류, 양서류, 파충류, 조류, 어류 등이 있어요.
  반) 무척추동물 한) 脊椎動物

❼ 기본이 되는 표준
  예) 길이를 재는 데 ㅇㅇ이 되는 길이를 단위길이라고 해요.
  비) 표준 한) 基準

똑똑한 낱말퍼즐 과학19

》》》 가로 열쇠

❶ 화산이 분출할 때 나오는 액체 물질
　예) 화산이 폭발해 엄청난 양의 ○○과 화산재가 뿜어져 나오고 있어요.
　한) 鎔巖

❹ 땅속에 묻힌 나무줄기 속으로 이산화규소가 스며들어 굳어져 화석이 된 것
　예) 식물원에서 나무인지 돌인지 헷갈리게 하는 ○○○을 보았어요.
　한) 硅化木

❼ 모방하여 만든 물건
　예) 전국 어린이 ○○ 항공기 대회에 나가 입상을 했어요.
　비) 본보기 한) 模型

≫ 세로 열쇠

❷ 부피가 매우 큰 돌
　예) 화산과 마그마 활동으로 만들어진 ○○을 화성암이라고 해요.
　비) 바윗돌 한) 巖石

❸ 옛날 유물을 모아 진열한 곳
　예) 에밀레종이라 불리는 선덕대왕 신종은 경주 ○○○에 보관되어 있어요.
　한) 博物館

❺ 옛날에 살았던 동식물의 몸체나 흔적이 암석이나 지층 속에 남아 있는 것
　예) 공룡 뼈뿐 아니라 새 발자국이나 나뭇잎도 ○○이 될 수 있어요.
　한) 化石

❻ 중생대 쥐라기와 백악기에 걸쳐 번성하였던 거대한 파충류
　예) 티라노사우루스는 가장 무섭고 사나운 육식 ○○으로 알려졌어요.
　한) 恐龍

❽ 신생대 빙하기에 살았던 코끼리의 조상
　예) 멸종된 ○○○는 퇴적암의 화석에서 볼 수 있어요.

월 일

'ㅁㅁㄷ'는 긴 코와 4m나 되는 어금니를 가지고 있었대요.

145

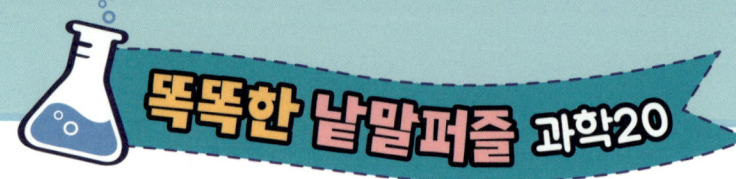

똑똑한 낱말퍼즐 과학20

가로 열쇠

❸ 중생대에 번성하였으나 멸종된 나선형 모양의 조개
예) ○○○○○는 앵무조개와 비슷하게 생겼어요.
비) 암몬조개

❺ 나뭇가지처럼 생긴 바닷속의 동물
예) 아직도 ○○를 식물이라고 오해하는 사람이 많아요.
한) 珊瑚

❼ 서로 다른 생물이 도움을 주고받으며 함께 살아가는 일
예) 개미와 진딧물은 서로 도움이 되는 ○○ 관계이고, 식물과 진딧물은 한쪽이 피해를 당하는 기생 관계예요.
한) 共生

❽ 생물의 한 종류가 아주 없어짐
예) 점점 줄어드는 동물을 ○○ 위기 종으로 지정하여 보호하고 있어요.
비) 절종 한) 滅種

세로 열쇠

❶ 아주 작은 물체를 크게 볼 수 있게 만든 기구
예) 이끼벌레를 ○○○으로 관찰했어요.
한) 顯微鏡

❷ 동물의 뼈나 조개껍데기가 쌓여 만들어진 암석
예) ○○○은 시멘트의 원료예요.
비) 석회석 한) 石灰巖

❹ 뚜껑이 있는 둥글납작한 유리 접시
예) ○○○는 독일의 세균학자 이름을 따서 지은 거예요.

❻ 나무에서 흘러나온 송진이 땅속에서 오랜 시간이 지나 굳어져 된 화석
예) 보석으로 널리 쓰이는 ○○ 안에 곤충이 갇혀 함께 굳은 화석도 있어요.
비) 강주 한) 琥珀

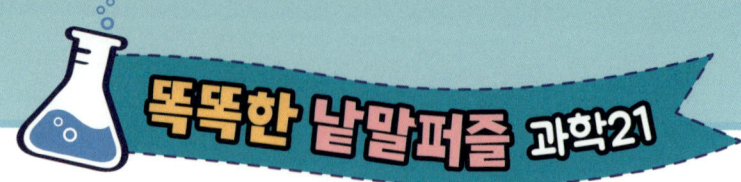

똑똑한 낱말퍼즐 과학21

>>> 가로 열쇠

❷ 번데기가 변하여 성충이 되는 일
  예) 매미 유충은 땅속에서 여러 번 허물을 벗고 자란 뒤 땅 위로 나와 ○○하여 성충이 됩니다.
  비) 날개돋이 한) 羽化

❺ 고고학을 연구하는 사람
  예) ○○○○들은 이집트에서 고대 유적지를 발굴했어요.
  한) 考古學者

❽ 스스로 빛을 내는 천체
  예) ○은 태양처럼 스스로 빛을 내지만, 매우 먼 거리에 있어 반짝이는 작은 점으로만 보인답니다.

≫ 세로 열쇠

❶ 여러 가지 법칙과 자연의 이치를 연구하는 학문
  예) '수학–수학익힘', '○○–실험관찰' 책은 함께 가지고 다녀야 해.
  비) 자연과학 한) 科學

❸ 우주 공간을 비행하도록 만든 물체
  예) 100살이 되면 ○○○을 타고 화성으로 여행갈 수 있을까?
  비) 위성선 한) 宇宙船

❹ 잘 알려지지 않은 사실이나 장소, 사물을 샅샅이 조사함
  예) 화성에 무인 ○○ 로봇 '큐리오시티'를 보내 흙을 분석했어요.
  비) 탐험 한) 探査

❻ 한번 정한 대로 바꾸지 아니함
  예) 조각은 움직이지 않는 것이라는 ○○ 관념을 처음으로 깬 사람은 콜더예요.
  비) 고착 한) 固定

❼ 생물학을 연구하는 학자
  예) 우장춘 박사는 씨 없는 수박을 개발한 ○○○○예요.
  한) 生物學者

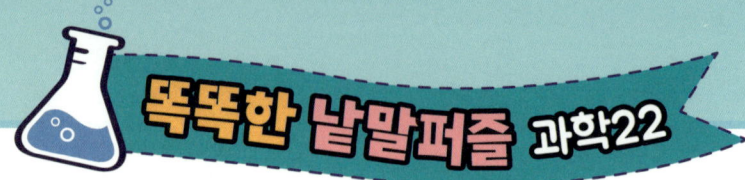

똑똑한 낱말퍼즐 과학22

▶▶▶ 가로 열쇠

❶ 천문을 관측하기 위해 설치한 시설
　예) 경주 첨성대는 동양에서 가장 오래된 ○○○로 널리 알려졌어요.
　한) 天文臺

❸ 지구 이외의 행성에서 살고 있을지도 모를 지능이 높은 생명체
　예) 어디 가면 외계에서 왔다는 ○○○을 만날 수 있을까?
　비) 외계인　한) 宇宙人

❻ 해, 달, 별 등 우주에 존재하는 물체의 총칭
　예) ○○망원경으로 밤하늘에 반짝이는 별을 관찰했어요.
　비) 성체　한) 天體

❽ 필요한 자료들을 찾아내는 일
　예) 자료 ○○을 하려면 컴퓨터를 이용하는 것이 편리해요.
　비) 검사　한) 檢索

≫ 세로 열쇠

❷ 그 일에 대하여 깊은 지식과 경험이 있는 사람
　예) 형은 공부는 못해도 게임에 대해서는 ○○○라고 할 만큼 잘해요.
　비) 전문인　반) 초보자　한) 專門家

❹ 전 세계의 컴퓨터가 연결되어 서로 정보를 교환하는 거대한 컴퓨터 통신망
　예) ○○○을 이용하면 지구 반대편에 있는 학교 도서관의 책도 찾아볼 수 있어요.

❺ 사실이라고 가정하여 생각함
　예) 천체 투영실에 가면 3D 입체 영상을 통해 ○○ 우주를 체험할 수 있어요.
　비) 어림생각　한) 假想

❼ 여러 개의 평면으로 둘러싸여 부피를 가지는 물체
　예) 도형에는 평면도형과 ○○도형이 있어요.
　한) 立體

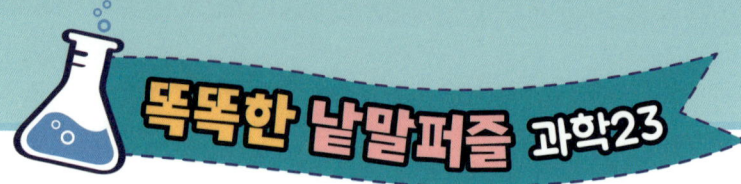

똑똑한 낱말퍼즐 과학23

》》》 가로 열쇠

❶ 태양 주변을 도는 별
예) ○○은 돌아다닌다고 하여 떠돌이별, 태양은 붙박여 있다고 하여 붙박이별이라 불러요.
⑪ 유성 ⑫ 항성 ㉖ 行星

❸ 육지를 향해 밀려들어 오는 바닷물
예) 갯벌은 ○○과 썰물의 드나듦에 따라 바다가 되기도 하고 육지가 되기도 해요.
㉕ 썰물

❻ 사물의 내용을 자세히 살펴 알아봄
예) 배추흰나비를 기르는 데 필요한 것은 무엇이 있는지 ○○해 보세요.
⑪ 관찰 ㉖ 調査

❼ 스스로 빛을 내는 것
예) 태양은 스스로 빛을 내는 대표적인 ○○이에요.
⑪ 광원체 ㉖ 光源

≫ 세로 열쇠

❷ 태양계의 네 번째 행성
예) ○○은 표면이 붉은색이기 때문에 이러한 이름이 붙여졌어요.
⑪ 형행성 ㉖ 火星

❹ 바닷물이 빠져나가는 현상
예) 밀물과 ○○은 하루에 두 차례 일어나요.
㉕ 밀물

❺ 빛이 물체의 표면에 부딪혀 나아가는 방향이 바뀌는 현상
예) 거울은 빛을 ○○하는 대표적인 물체예요.
⑪ 되비침 ㉖ 反射

❽ 빛의 줄기
예) 레이저 ○○을 눈에 쏘이게 되면 시력을 잃을 수 있으니 항상 조심하세요.
⑪ 광망 ㉖ 光線

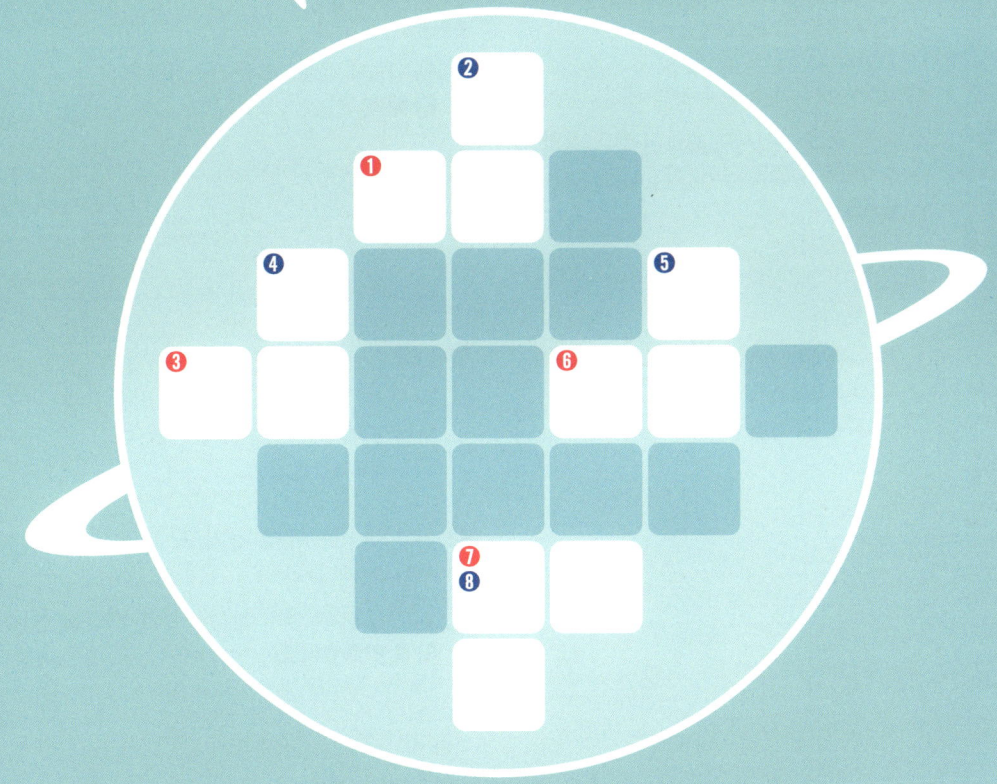

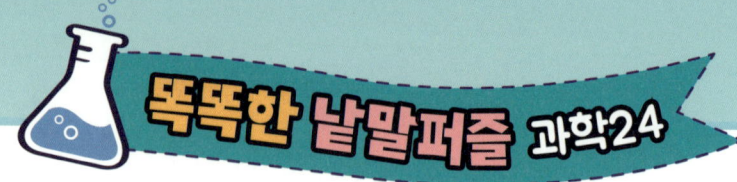

똑똑한 낱말퍼즐 과학24

》》 가로 열쇠

① 지구를 본떠 조그맣게 만든 모형
  예) 자전축이 23.5° 기울어진 ○○○과 전등을 이용해 계절의 변화가 생기는 까닭을 실험해 보았어요.
  비) 지구본 만) 地球儀

④ 땅속에서 더운물이 솟는 곳
  예) 온양은 조선시대 왕들이 즐겨 찾았던 ○○으로 유명한 곳이에요.
  만) 溫泉

⑤ 땅속의 급격한 변화로 땅이 흔들리는 현상
  예) 칠레에서 세계 최대 규모 9.5의 강력한 ○○이 발생했대요.
  비) 지동 만) 地震

≫ 세로 열쇠

② 불그스름하고 윤이 나는 금속 원소
  예) 청동은 ○○와 주석의 합금이에요.
  비) 구리쇠

③ 몸의 온도
  예) 사람의 정상 ○○은 36~37℃예요.
  만) 體溫

⑥ 지구에 떨어진 별똥
  예) 운성은 별똥별, ○○은 별똥돌이라고 불러요.
  비) 천운석 만) 隕石

⑦ 금붙이나 쇠붙이
  예) 엑스선은 실이나 두꺼운 종이는 통과하지만 뼈나 ○○은 통과하지 못해요.
  반) 비금속 만) 金屬

⑧ 인간과 비슷하게 걷기도 하고 말도 하는 기계 장치
  예) 게를 본떠 해저 탐사 ○○인 '크랩스터'를 만들었어요.

국어 정답

9쪽
- 바람개비
- 누가
- 위바위보
- 보름달
- 나리
- 기역
- 낱말

11쪽
- 니은
- 구슬치기
- 과일
- 슬퍼요
- 술래

13쪽
- 지렁이
- 표틈
- 정성껏
- 날
- 지하수
- 박해

15쪽
- 마법사다리
- 개미
- 윷
- 개나리
- 미소
- 나무

19쪽
- 기록장
- 비사치기
- 소계
- 댁절
- 절
- 바구니

17쪽
- 아기
- 장
- 아장화
- 기우뚱
- 풀
- 사
- 아궁이

21쪽
- 까치
- 닭
- 신문지
- 제발
- 난로
- 뒤
- 꿈
- 예치

23쪽
- 암호랑이
- 삶이
- 이모부
- 자음자
- 자랑
- 거
- 논리

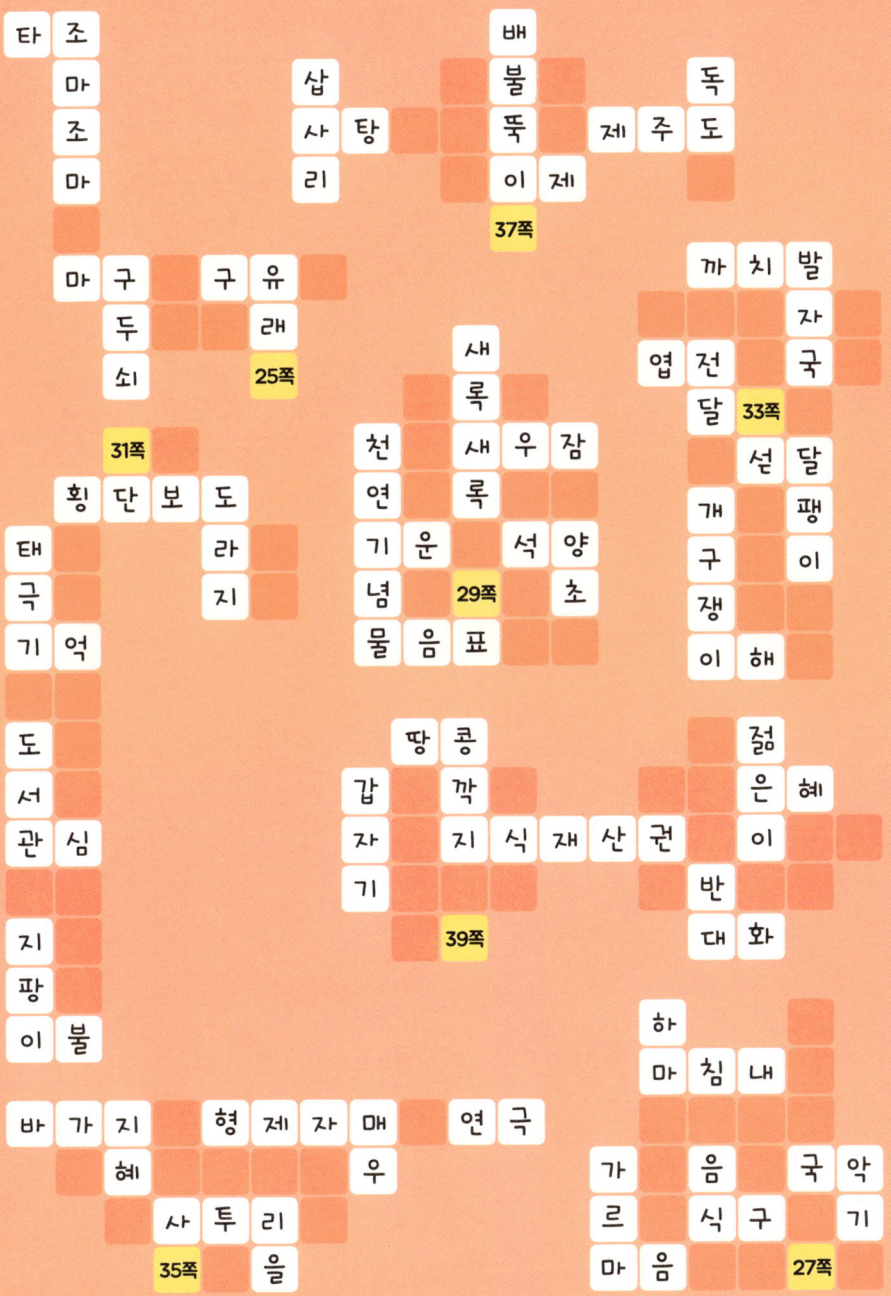

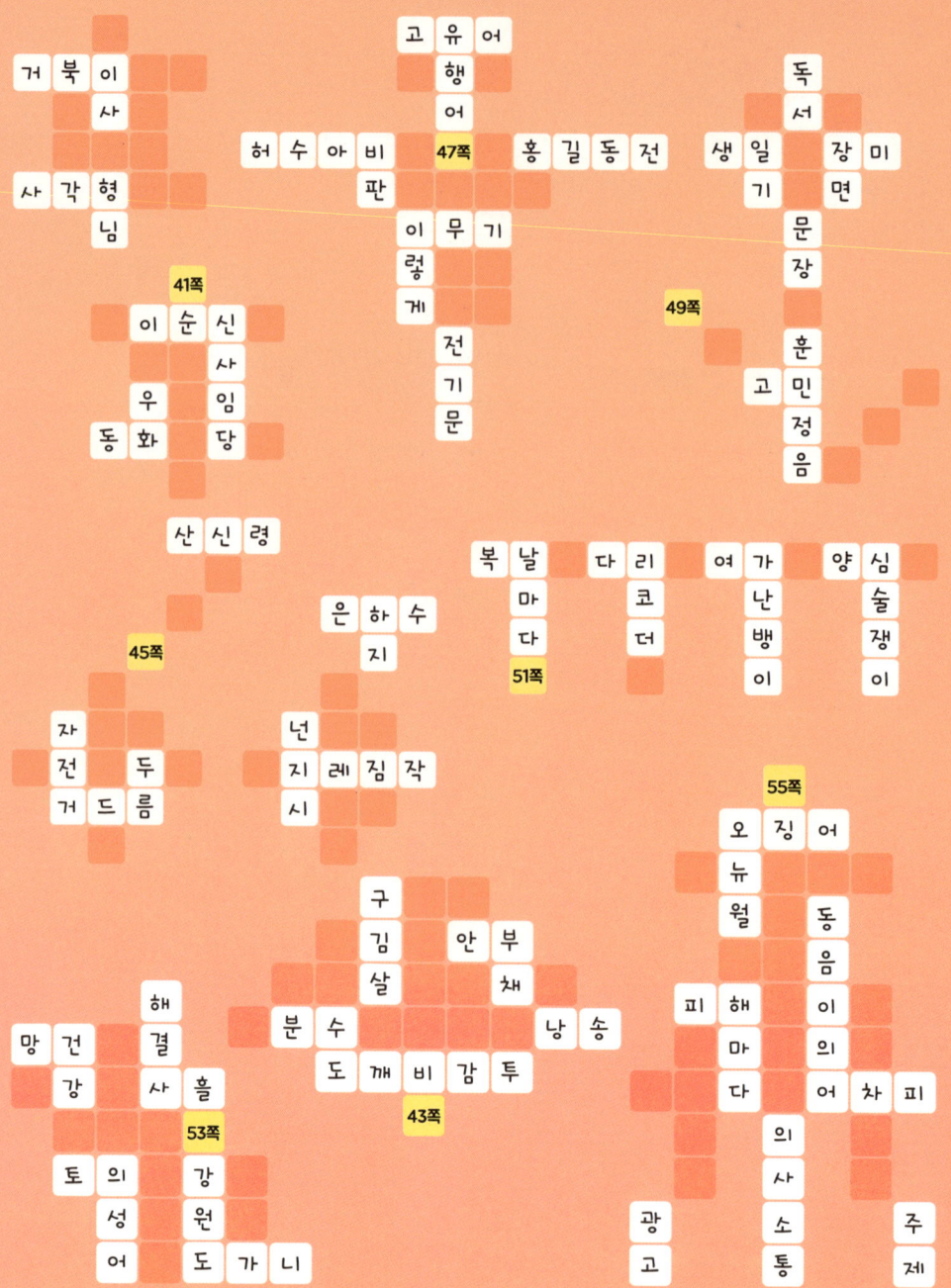

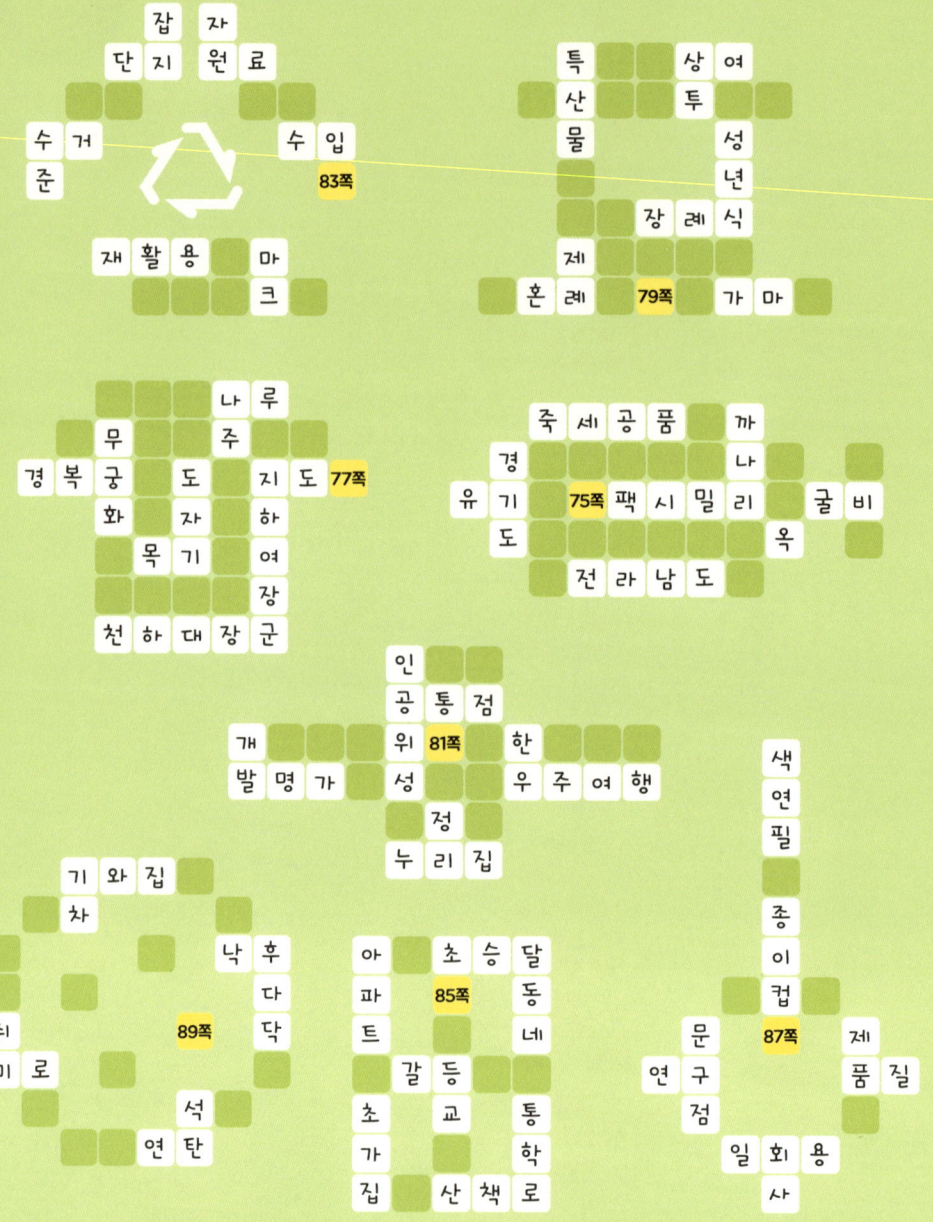

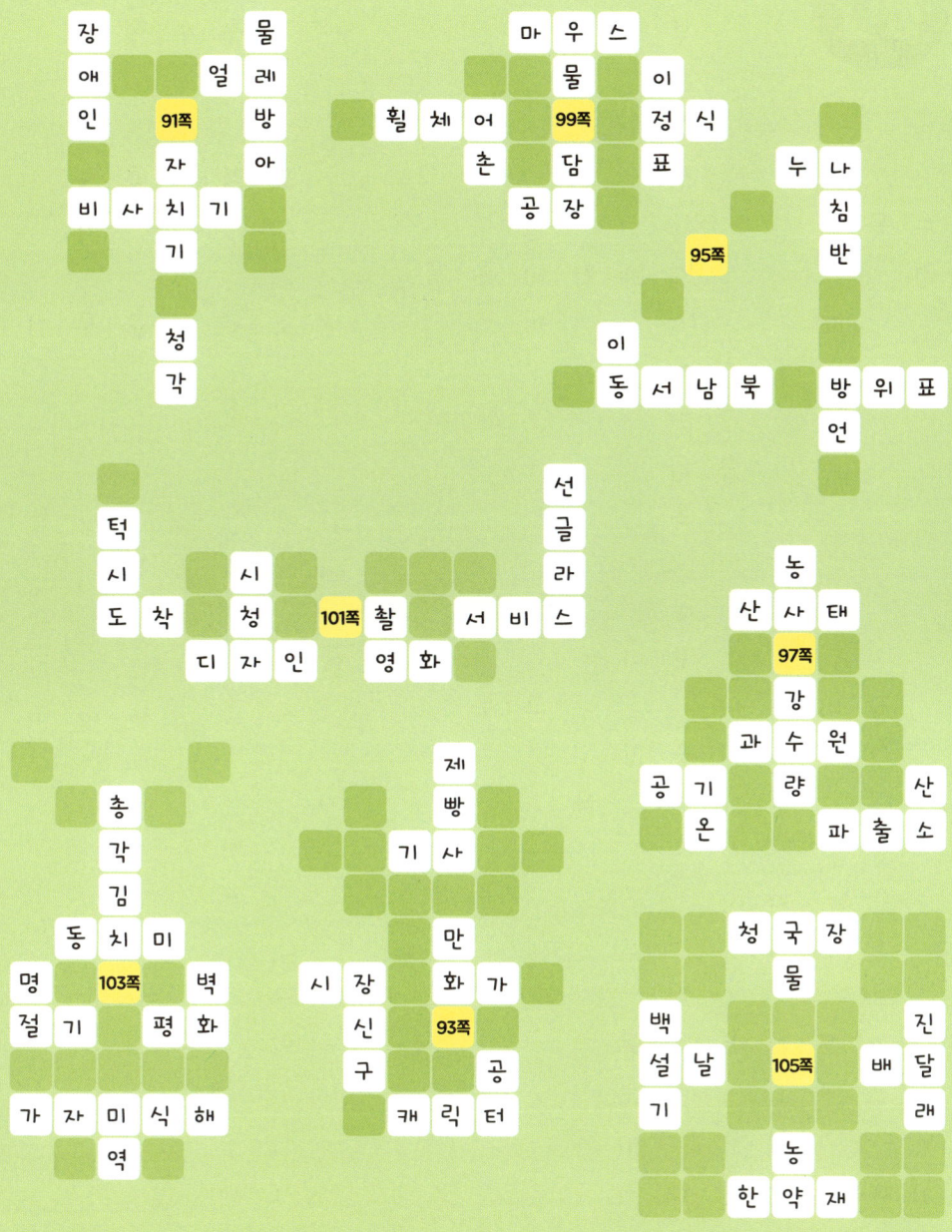

과학 정답

부들레옥잠

수목원
수련

벌레잡이통풀
솔 / 끼

파리지옥

용수철
평
111쪽

모빌
이
산소

곤충
격
분무기

공간이
장비닐
113쪽
승강기
부레 / 체
고무

기상 **115쪽** 상류
네 부유물
스 선 관
북 형 악
하류 타악기

박쥐
제
흰꼬리수리 **매** **119쪽**
명 부화
철
텃새

자석
플라스크
안전 **109쪽** 시험관대
수칙
돈보기
스포이트
실

초판 발행 2021년 2월 19일
초판 인쇄 2021년 2월 15일

글 정명숙

펴낸이 정태선
펴낸곳 파란정원(자매사 책먹는아이)
출판등록 제395-2010-000070호
주소 서울시 서대문구 모래내로 464 2층(홍제동)
전화 02-6925-1628 | **팩스** 02-723-1629
제조국 대한민국 | **사용연령** 8세 이상 어린이
홈페이지 www.bluegarden.kr | **전자우편** eatingbooks@naver.com
종이 다올페이퍼 | **인쇄** 조일문화인쇄사 | **제본** 선명

글ⓒ정명숙 2021
ISBN 979-11-5868-191-3 73700

이 책은 저작권법에 따라 보호받는 저작물이므로 무단 전재와 무단 복제를 금지하며,
이 책 내용의 전부 또는 일부를 이용하려면 반드시 저작권자와 파란정원(자매사 책먹는아이)의
동의를 얻어야 합니다.
*잘못된 책은 구입하신 서점에서 바꿔 드립니다.

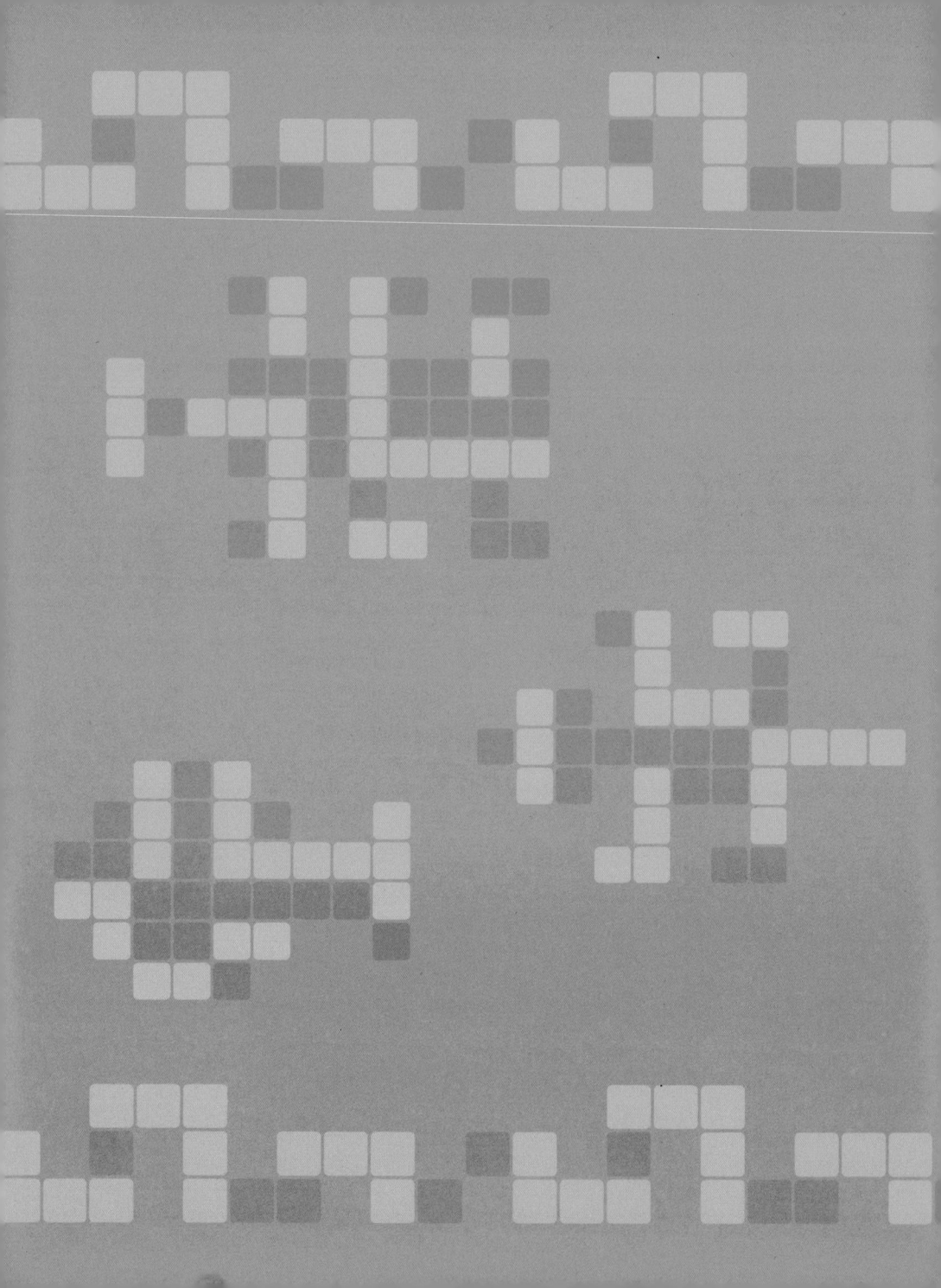